MEMÓRIAS DIGITAIS

O ESTADO DA DIGITALIZAÇÃO DE ACERVOS NO BRASIL

ORGANIZADORAS
BRUNA CASTANHEIRA DE FREITAS
MARIANA GIORGETTI VALENTE

MEMÓRIAS DIGITAIS

O ESTADO DA DIGITALIZAÇÃO DE ACERVOS NO BRASIL

FGV | DIREITO RIO EDITORA

Copyright © 2017 Bruna Castanheira de Freitas; Mariana Giorgetti Valente

Direitos desta edição reservados à
FGV EDITORA
Rua Jornalista Orlando Dantas, 37
22231-010 | Rio de Janeiro, RJ | Brasil
Tels.: 0800-021-7777 | 21-3799-4427
Fax: 21-3799-4430
editora@fgv.br | pedidoseditora@fgv.br
www.fgv.br/editora

Impresso no Brasil / *Printed in Brazil*

Todos os direitos reservados. A reprodução não autorizada desta publicação, no todo ou em parte, constitui violação do copyright (Lei nº 9.610/98).

Os conceitos emitidos neste livro são de inteira responsabilidade dos autores.

1ª edição – 2017

Preparação de originais: Sandra Frank
Diagramação: Abreu's System
Revisão: Aleidis de Beltran | Fatima Caroni
Revisão dos textos em espanhol: Catalina Arica
Capa: Humberto Nunes/Lampejo Design

Ficha catalográfica elaborada pela
Biblioteca Mario Henrique Simonsen

Memórias digitais: o estado da digitalização de acervos no Brasil / Organizadoras Bruna Castanheira de Freitas, Mariana Giorgetti Valente. – Rio de Janeiro : FGV Editora, 2017.
216 p.

Inclui bibliografia.
ISBN: 978-85-225-1998-9

1. Direitos autorais e preservação digital. 2. Preservação pela digitalização. 3. Documentos arquivísticos – digitalização. 4. Materiais bibliográficos – digitalização. I. Freitas, Bruna Castanheira de. II. Valente, Mariana Giorgetti. III. Fundação Getulio Vargas.

CDD – 342.28

SUMÁRIO

Introdução. Notas gerais sobre a digitalização de acervos no Brasil   7
Mariana Giorgetti Valente

1. Financiamento de acervos no Brasil   57
João Dias Turchi; Nichollas de Miranda Alem

2. El dominio público: un problema teórico, una propuesta política, una herramienta metodológica   77
Evelin Heidel

3. Direitos autorais nas obras de artes plásticas: livre reprodução para preservação e divulgação de acervo   91
Beatriz Ribeiro de Moraes

4. Os direitos autorais e sua relação com as bibliotecas e com a pesquisa brasileira   119
Bianca Amaro

5. Algunos retos sobre la digitalización del acervo patrimonial en Colombia: el caso de las obras huérfanas   143
Carolina Botero; María Juliana Soto; David Ramírez-Ordóñez

6. Parcerias institucionais em bibliotecas virtuais: estudo de caso do Instituto Hercule Florence   157
Francis Melvin Lee; Edson Satoshi Gomi; Roberto Fray da Silva

7. Memória estatística do Brasil na Biblioteca do Ministério da Fazenda   171
Eustáquio José Reis; Maria Gabriela Carvalho

8. Causando um grande impacto com um pequeno orçamento: como o LSH compartilhou sua coleção com o mundo   189
Joris Pekel

INTRODUÇÃO

Notas gerais sobre a digitalização de acervos no Brasil

Mariana Giorgetti Valente

Acervos de instituições de memória, entendidas como bibliotecas, museus e arquivos, são conjuntos de bens que contêm informações de diferentes áreas do saber e promovem acesso ao conhecimento, à educação e à cultura, além de preservar a memória e a identidade. O desenvolvimento das tecnologias digitais e das renovadas formas de comunicação pela internet traz a possibilidade de esses acervos serem divulgados e chegarem a públicos ampliados, não mais adstritos a limitações geográficas (e consequentemente financeiras). Do ponto de vista geopolítico, trata-se também da possibilidade de a cultura e a língua de um país encontrarem presença qualificada na rede mundial. No Brasil, esse potencial está ainda por ser realizado, ou tem sido realizado de forma bastante desigual regionalmente.

Em 2 de setembro de 2014 no Rio de Janeiro, e em 1º de outubro em São Paulo, a equipe de pesquisa do projeto Acervos Digitais do Centro de Tecnologia e Sociedade (CTS) da Fundação Getulio Vargas realizou dois workshops com participação total de mais de 50 profissionais de instituições de memória envolvidos com projetos de digitalização, do Brasil e de outros países da América Latina. Foram criados instrumentos abertos de acompanhamento e sistematização – as notas foram tomadas em *pads* públicos, que podiam ser atualizados por qualquer pessoa, e a sistematização foi, após envio aos participantes, publicada em uma página do projeto Wikimedia, que pode ser acessada e modificada por qualquer pessoa.[1] Sistematizando os pontos trazidos nos workshops, percebemos que as questões problemáticas em torno da digitalização de acervos no Brasil podem ser divididas em quatro eixos: (1) tecnologia/padrões/metadados, (2) direito, (3) políticas institucionais e (4) financiamento.

A experiência tornou evidente o quanto pode ser frutífero o diálogo entre especialistas de diferentes frentes da mesma questão. Dessa experiência surgiu a ideia deste livro, agregando os diferentes pontos de vista. O livro é, portanto, um esforço de oferecer um panorama geral de questões de interesse a quem esteja refletindo sobre acervos digitais ou embrenhando-se em um projeto de digitalização. Discutem-se questões de financiamento às atividades de digitalização, de direito autoral, desafios técnicos e, ao final, três experiências de digitalização, em duas instituições nacionais e uma instituição sueca, são relatadas.

Iniciamos com uma introdução geral, que contém um apanhado das discussões que tiveram lugar nos workshops, apontando, quando é o caso, para os artigos específicos em que elas são abordadas em profundidade pelos autores, quase todos participantes dos eventos. Alguns dos pontos são enriquecidos com pesquisas subsequentes e diagnósticos desenvolvidos em outras ocasiões.

Tecnologia

Um dos principais aspectos das tecnologias para digitalização de acervos, armazenamento e preservação dos arquivos digitais, e sua disponibilização, é o custo elevado para sua implementação. Por exemplo, sites e plataformas construídos para outras finalidades precisam ser reformados, para comportar o grande volume de dados exigido para projetos de digitalização; dentro de uma mesma instituição, bancos de dados construídos para áreas e finalidades diferentes não conversam

---

[1] Acervos digitais: desafios e perspectivas/Notas/sistematizacao geral. Disponível em: <http://br.wikimedia.org/wiki/Acervos_digitais:_desafios_e_perspectivas/Notas/sistematizacao_geral>. Acesso em: 14 jun. 2016.

entre si, e precisam ser reestruturados – um processo complexo e custoso. Ainda, profissionais de acervos audiovisuais queixaram-se de que as peculiaridades do suporte e o volume de informação envolvido na disponibilização digital de vídeo são tão desproporcionalmente superiores (e existe uma peculiar falta de sistematização dos padrões dessa área) que esses acervos são frequentemente deixados de lado nas discussões de políticas de digitalização.

A utilização de formatos livres ou proprietários também é uma questão. Experiências nacionais mostraram vantagens no desenvolvimento de plataformas em software livre, que podem ser adaptadas por outras organizações, de forma, inclusive, a favorecer a interoperabilidade entre acervos de museus, bibliotecas e arquivos, facilitando o desenvolvimento de metabuscadores.

O exemplo inescapável é o software Corisco, desenvolvido para a Biblioteca Brasiliana entre 2008 e 2010 com recursos da Fapesp. Em 2006, José e Guita Mindlin doaram oficialmente sua biblioteca de 32.200 títulos, ou 60 mil volumes, à Universidade de São Paulo. A coleção Mindlin era um conjunto impressionante de livros e manuscritos sobre o Brasil, com itens de literatura, estudos brasileiros, história, diários de viagem, iconografia, arte, mapas e livros como objetos de arte. José Mindlin era colecionador, e Guita Mindlin, especialista em conservação e restauro, mantinha um laboratório de preservação privado para os materiais.

Uma vez recebido o material, a Universidade de São Paulo comprometeu-se a torná-lo disponível ao grande público. Esse foi o início da plataforma Corisco, desenvolvida a partir do DSpace e seus módulos, do sistema auxiliar servidor de imagens Adore Djatoka, além de componentes de outros softwares livres, como o IIPImage (visualizador de imagens) e o Bookreader (visualizador de PDFs).

O projeto Brasiliana iniciou um esforço de digitalização da biblioteca, recebeu apoio do Banco Nacional de Desenvolvimento Econômico e Social (BNDES), como veremos, e hoje, depois de algumas descontinuidades, chama-se Biblioteca Brasiliana Guita e José Mindlin, com cerca de 3 mil itens disponíveis para consulta e download. Por ser um software livre (concebido pelo prof. István Jancsó), uma vez desenvolvido, o Corisco podia ser adaptado por outras instituições que desejassem disponibilizar seus acervos na internet.

> A Plataforma Corisco foi criada para ser um sistema de software reutilizável e facilmente configurável para bibliotecas digitais. Com o atrativo de ser uma plataforma aberta e gratuita, a Plataforma Corisco apresenta-se como uma opção competitiva para instituições que desejam apresentar seus acervos digitais rapidamente sem ter que utilizar tempo e recursos preciosos no desenvolvimento de sistemas de software. Com isso, podem se concentrar nas suas especialidades em relação aos acervos [Gomi e Kepler, 2011].

Uma confirmação desse potencial se deu com a parceria estabelecida entre a Brasiliana e o Instituto Hercule Florence (IHF), uma Oscip que gerencia três arquivos, sendo o mais importante deles o da família Florence, ligada ao desenvolvimento inicial da fotografia. O Corisco foi adaptado para as finalidades do IHF, que disponibiliza uma parcela de seu arquivo online.[2] O texto "Parcerias institucionais em bibliotecas virtuais: estudo de caso do Instituto Hercule Florence", neste volume, é um rico relato desse processo, que pode servir a outras instituições interessadas em seguir caminhos semelhantes.

A utilização de software livre, se por um lado é entendida por uma parcela dos profissionais de museus como a única forma de garantir a sustentabilidade dos projetos de digitalização, por outro é apontada como uma escolha a ser feita com responsabilidade, dado que se apontam custos elevados de manutenção dos sistemas. Quanto a formatos livres, a utilização de equipamentos de digitalização externos à instituição é apontada como uma questão, já que, por vezes, trabalham apenas com formatos proprietários.

---

[2] Submissões recentes. Disponível em: <http://search.ihf19.org.br:8080/xmlui/>. Acesso em: 14 jun. 2016.

Preservação digital

A pouca discussão acerca de preservação digital no Brasil faz com que instituições incorram em erros de planejamento. Trata-se do chamado "dilema digital": em um esforço para permanecer na crista da onda das novas tecnologias, algumas decisões podem ser desastrosas dos pontos de vista financeiro e cultural (The Science and Technology Council, 2009). No setor audiovisual, por exemplo, os custos de armazenamento de *masters* digitais são cerca de 11 vezes maiores que os custos de preservar matrizes em película.[3] O material digital tem deficiências de suporte (que é temporário), e a tecnologia passa por um processo constante de obsolescência – o chamado "Alzheimer digital".

Nesse sentido, todo projeto de digitalização depende de um planejamento realista, pela área de tecnologia da informação, dos recursos necessários, com uma perspectiva de crescimento do acervo digital e de segurança dos dados. Além disso, um projeto de digitalização envolve necessariamente o planejamento sobre o momento pós-digitalização em termos de inserção de metadados nos objetos digitais, atualizações nas bases de dados e padronização da nomenclatura de arquivos – uma questão que costuma ser deixada "para resolver depois". Outro ponto é que a instituição precisa, além de manter a preocupação com a preservação do suporte analógico para poder digitalizar novamente os objetos (no caso de objetos não nato-digitais), preservar equipamentos de leitura de mídias e formatos, que também podem se tornar indisponíveis no mercado com o tempo.

Com essas preocupações, o que se levanta é que as instituições precisam preocupar-se com a "sustentabilidade digital", um ponto levantado nos workshops por Millard Schisler, professor do Rochester Institute of Technology, no Estado de Nova York. Dados os custos envolvidos com digitalização e preservação, a instituição precisa

---

[3] "Modelos econômicos comparando os custos de armazenamento de película no longo prazo com os de materiais digitais mostram que o custo anual com a preservação de matrizes em película é de US$ 1.059,00, ao passo que o custo anual para preservar um master digital em 4K é de US$ 12.514,00, uma diferença da ordem de 11 vezes" (The Science and Technology Council, 2009:1-2).

colocar-se algumas perguntas antes do início de qualquer projeto, como "o que digitalizar?". Contra certo fetichismo quanto a projetos de digitalização, o especialista aponta que nem tudo precisa ser digitalizado, e nem tudo precisa sê-lo na melhor qualidade, sob pena de os projetos se tornarem insustentáveis.

Redes e colaboração tecnológica

Das experiências ainda espalhadas de colaboração entre instituições de memória para a construção de acervos digitais emerge um otimismo. A colaboração em termos de compartilhamento de software é um dos pontos; além disso, experiências como a do apoio que a Rede Nacional de Ensino e Pesquisa (RNP) oferece à conexão entre instituições de ensino e pesquisa, incluindo museus – por meio da rede Ipê – e o apoio que o BNDES oferece a projetos de digitalização, que discutiremos adiante, dão a dimensão da importância de pensar parcerias que, em vez de impor modelo tecnológico único, preocupam-se sobretudo com soluções de interoperabilidade, o que, por sua vez, faz pensar em padrões e formatos livres. Consta-se que, no início do debate sobre uma política para acervos digitais em nosso país, pensava-se no desenvolvimento de um protocolo único, ou seja, uma única plataforma agregadora dos conteúdos dos repositórios digitais no Brasil. Essa solução foi repensada, inclusive, a partir da percepção de que os modelos bem-sucedidos internacionalmente, como a Europeana, na União Europeia, e a Digital Public Library of America, nos Estados Unidos, investiram na interoperabilidade entre os protocolos existentes para incluir os diferentes acervos que agregavam, em vez de um protocolo único (Balbi, Zendron e Silva, 2014:23).

Do ponto de vista interno às instituições, uma solução simples apontada para favorecer essa interoperabilidade e um fluxo de trabalho mais racional é a previsão, já nos termos de contratação de profissionais, da entrega de arquivos em formatos livres (além de conterem nomenclatura e metadados padronizados). A Fundação Bienal, por exemplo, teve sucesso na iniciativa de exigir a padronização e inserção de metadados nas entregas dos fotógrafos contratados para as exposições, o que desonerou a equipe de retrabalho futuro.

No mesmo sentido, profissionais da área de acervos audiovisuais apresentam a dificuldade relativa à área de padrões, que, se de um lado padece de mais diálogo entre os profissionais, de outro se mostra em uma busca permanente de padronização, num contexto em que a inovação é uma constante. Também aí, levanta-se se o ideal seria pensar em conjunto estratégias múltiplas.

Trazem-se também, como soluções, as parcerias com instituições sem fins lucrativos, como o Internet Archive, como feito pela Memória Estatística da Fazenda, em experiência que é relatada neste livro ("Memória estatística do Brasil na Biblioteca do Ministério da Fazenda"). Também aqui entram experiências como a utilização compartilhada de equipamentos como escâneres, que podem ficar ociosos quando utilizados por uma única instituição, e em especial com hardware livre.

Políticas institucionais

Há alguns notáveis grandes projetos de digitalização de acervos em curso no Brasil. Um exemplo é a própria Brasiliana Guita e José Mindlin, da qual tratamos anteriormente. Outro é a BNDigital, da Fundação Biblioteca Nacional, que, lançada em 2006, estabeleceu uma política consistente de objetivos, critérios para seleção de itens a serem digitalizados,[4] e normas e padrões para arquivos e metadados.[5] A BNDigital dispõe de uma hemeroteca digital, contendo seu acervo de periódicos dos séculos XIX e XX, e um acervo de cartografia, iconografia, manuscritos, música e obras raras.

Outro caso é o "Digitalização do Acervo do Museu Imperial" (Dami), do Rio de Janeiro, projeto de fôlego de uma instituição do

---
[4] Políticas de digitalização. Disponível em: <http://bndigital.bn.br/sobre-a-bndigital/?sub=politicas-de-digitalizacao>. Acesso em: 14 jun. 2016.
[5] Normas e padrões. Disponível em: <http://bndigital.bn.br/sobre-a-bndigital/?sub=normas-e--padroes>. Acesso em: 14 jun. 2016.

sistema MinC, que no início de 2014 já havia digitalizado quase 6 mil objetos, totalizando 45 mil imagens (Ibram, 2013). As coleções Museu Histórico de Petrópolis e José Kopke Fróes (de natureza arquivística, bibliográfica e museológica) totalizam 3.612 itens. O projeto envolve também a catalogação e organização para, em 10 anos, disponibilizar o acervo completo (cerca de 360 mil itens, que resultariam em 8 milhões de imagens). Teve início, no final de 2009, e algumas coleções começaram a ser disponibilizadas online em 2010 (Coleção Carlos Gomes e Visconde de Itaboraí) e 2011 (Coleção Sérgio Eduardo Lemgruber; Arquivo da Casa Imperial do Brasil – 1º Inventário, 1249-1806; Coleção Família Imperial; Coleção Família do Conde Modesto Leal; e Coleção Tobias do Rego Monteiro), referentes a 746 itens. Foi utilizada, para a montagem da base de dados, a plataforma DSpace, que foi avaliada na época pelo Instituto Brasileiro de Museus (Ibram) como uma forma de democratizar o acesso ao acervo, já que é *open source* e não exige logins e senhas (Ibram, 2011). De acordo com o site do projeto:[6]

> A rápida evolução das tecnologias digitais, a partir das últimas décadas do século XX e início do XXI, consolidou uma demanda efetiva de modernização da disponibilização dos acervos históricos pelas instituições culturais, públicas ou privadas de todo o mundo. A digitalização de acervos de cunho patrimonial constitui, neste contexto, um imperativo às instituições que, reconhecendo a importância do meio virtual na sociedade contemporânea, anseiam por utilizar esta tecnologia como um meio de disseminação e consequente democratização do acesso à informação e ao conhecimento. Por outro lado, a adoção destas novas tecnologias possibilita a implementação de uma eficaz política de preservação e proteção do acervo histórico e artístico, principalmente no que tange aos itens que se encontram mais frágeis e sujeitos à deterioração, devido ao seu constante manuseio.

---

[6] Digitalização do acervo do Museu Imperial. Disponível em: <www.museuimperial.gov.br/dami/>. Acesso em: 17 abr. 2015.

Nesse âmbito, o projeto DAMI (projeto de Digitalização do Acervo do Museu Imperial) foi idealizado objetivando a disponibilização de todo o acervo do Museu Imperial na Internet, por meio do desenvolvimento de uma base de dados que possibilite ao usuário/pesquisador o acesso tanto às imagens, representantes digitais de cada item do acervo, quanto ao conteúdo detalhado sobre cada uma delas.[7]

Há exemplos, no Brasil, de projetos menores bem-sucedidos, como é o caso do Instituto Hercule Florence, que já mencionamos. Em geral, no entanto, relatam-se grandes desafios no campo institucional para a digitalização de acervos no país.

As instituições de memória, públicas e privadas, queixam-se de questões estruturais que dificultam o empenho em projetos de digitalização de fôlego, como a falta de arquivistas e especialistas em bases de dados, ou ainda de profissionais de TI nas próprias equipes, ou a ausência de uma inteligência institucional perene no campo da tecnologia. Os projetos de digitalização são frequentemente conduzidos por equipes temporárias, como se a digitalização pudesse ser pensada como um projeto com começo, meio e fim. Como já apresentamos, a falta de planejamento quanto a passos futuros, pós-digitalização e disponibilização, pode ser fatal para a sustentabilidade dos acervos digitais. Ressalta-se que um dos fatores para a falta de planejamento adequado é certo fetiche que se tem desenvolvido quanto a projetos de digitalização, que favorece, assim, ações de grande visibilidade; a preservação digital e a sustentabilidade são frequentemente deixadas em segundo plano. A descontinuidade de projetos é uma realidade. A produção imediata, de preocupação jornalística, para plataformas externas e sobre as quais não se tem controle de continuidade é um problema para a construção da memória: um exemplo trazido é a produção de materiais para o YouTube, sobre os quais pouco se investe em qualificação, armazenamento e guarda.

---

[7] Disponível em: <http://200.159.250.2:10358/apresentacao.jsp>. Acesso em: 29 dez. 2016.

Se os benefícios do compartilhamento de recursos de software e hardware, bem como de inteligência institucional, são ressaltados pela experiência, traz-se à baila também uma cultura patrimonialista e isolacionista, que caracterizaria nossas instituições culturais. Faltaria uma visão de gestão, nas instituições, para a criação de agendas de trabalho compartilhadas; instituições maiores não estariam atualmente investidas na sua vocação de auxiliar instituições menores; quando isso ocorre, os requisitos impostos às instituições menores são, por vezes, impossíveis de ser cumpridos. Tudo isso dificulta a criação de redes e o aproveitamento dos potenciais de colaboração.

São trazidos também os desafios relativos à construção das plataformas para disponibilização dos acervos, o que enseja questões que por vezes fogem da expertise comum aos profissionais das instituições. Um exemplo dos desafios que podem surgir é: como lidar, numa mesma plataforma, com públicos tão diversos como usuários comuns tomando contato com um acervo pela primeira vez, historiadores, pesquisadores – que podem estar buscando informações diferentes sobre um mesmo objeto ou conjunto de objetos? Paralelamente, a ausência de determinados detalhes sobre os acervos pode se fazer sentir para um perfil de usuário (usuário de perfil especializado, por exemplo); a abundância deles pode afastar os outros (o "usuário médio"). Como estimular o uso criativo dos acervos, que se constituam, então, como aprendizados? Aponta-se que colocar os materiais online, pura e simplesmente, pode ser insignificante se não se criar interesse em torno deles.

Caminhos à frente

Como soluções possíveis para essas questões, alguns direcionamentos são trazidos. Assim, em primeiro lugar, o pensamento na política de digitalização da instituição como um todo – uma instituição que pretende ter uma determinada *presença* digital. Nesse planejamento, impõe-se pensar por que e o que digitalizar, e como gerar interesse nos acervos. Para isso, colocam-se as vantagens de pensar em políticas permanentes no lugar de projetos – e políticas que sejam documentadas, inclusive com materiais de boas práticas, de forma a se criar uma memória institucional que seja preservada, em que pese o fluxo de profissionais.

Dos discursos sobre as dificuldades que encontram as instituições brasileiras para colocar seus acervos online, destacam-se três tipos de saídas. Uma, a implantação de uma cultura de colaboração que pudesse beneficiar as instituições dos recursos umas das outras; outra, em nível interno, institucional; e, por fim, saídas de políticas públicas.

Um híbrido de experiência no nível institucional com experiências de colaboração encontra-se nas possibilidades de trabalho com plataformas externas à instituição, e que possam se beneficiar do trabalho já organizado de comunidades e de plataformas de grande visibilidade. Uma das apresentações mais marcantes, durante os workshops realizados, foi a de Asaf Bartof, coordenador de parcerias da Wikimedia no Sul global, que trouxe exemplos mundiais de colaborações estabelecidas entre instituições de memória e o projeto Wikimedia.

A Wikimedia é uma fundação sem fins lucrativos que tem projetos como o Wikimedia Commons, um repositório livre multimídia; o Wikisource, uma biblioteca digital de obras e fontes primárias; o Wiktionary, um dicionário multilíngue livre, um repositório de dados interligados; o Wikidata, e a própria enciclopédia Wikipédia. Asaf argumentou que tanto as instituições de memória quanto a Wikimedia têm como razão de ser a obtenção, preservação, o fazer acessível e o compartilhamento de conhecimento e de objetos culturais, e que atingem sua missão quando suas obras e conteúdos são efetivamente utilizados. Encontrar formas de colaboração com a Wikipédia seria um modo de dar grande alcance ao conteúdo, já que se trata do site de informações referenciadas mais acessado do mundo, e é traduzido em mais de 40 línguas, por voluntários. Colaborações das instituições com voluntários da Wikimedia envolveriam integrar objetos digitais e metadados dos acervos nos projetos da fundação e contar com o trabalho de voluntários em pesquisa, melhoria dos metadados, categorização e tradução. Parcerias foram buscadas por instituições como o German Federal Archive (Bundesarchiv), o British Museum, e o US National

Archive, Biblioteca Nacional da França, Museu Picasso em Barcelona, e Biblioteca Nacional da Austrália, com atividades em diferentes frentes, como residências de wikipedistas nas instituições, revisões de textos de OCR, *editatonas* (esforços coletivos e concentrados em edições sobre determinados temas) e concursos.[8]

Um exemplo que tem sido celebrado mundialmente como bem-sucedido no sentido de utilização de plataformas externas Wikipédia para visibilidade do acervo, com benefícios para a instituição, é o do Rijksmuseum, de Amsterdã.

Experiência institucional: o Rijksmuseum

O Rijksmuseum é um museu holandês, localizado em Amsterdã, dedicado à arte e à história, fundado em 1800. Tem mais de 1 milhão de obras em seu acervo, mas, em 2014, tinha a capacidade de, em seu prédio de 22 mil metros quadrados, expor cerca de 8 mil ao mesmo tempo. A partir de 2011, o museu começou a empreender um projeto de digitalização em parceria com a Fundação Europeana, que, em 2010, havia editado sua Carta de Defesa do Domínio Público,[9] que determina:

> O controle exclusivo sobre as obras de Domínio Público não pode ser restabelecido através da reivindicação dos direitos exclusivos em reproduções técnicas das obras, ou com o uso de medidas técnicas e/ou contratuais para limitar acesso a reproduções técnicas dessas obras. Obras que estão em domínio público na forma analógica continuam em domínio público uma vez que digitalizadas.

Essa discussão específica, sobre a manutenção de obras em domínio público no domínio público após a digitalização, envolve uma série de questões que trataremos em específico mais à frente. A principal é

---

[8] GLAM/Model projects. Disponível em: <http://outreach.wikimedia.org/wiki/GLAM/Model_projects>. Acesso em: 20 jun. 2016.

[9] Disponível em: <http://pro.europeana.eu/files/Europeana_Professional/Publications/Public%20Domain%20Charter%20-%20EN.pdf>. Acesso em: ago. 2017.

que, como colocamos, a digitalização envolve custos, e é comum que as instituições pretendam mitigá-los por meio da cobrança ao acesso às obras, ainda que em domínio público, por meio da criação de camadas adicionais de direitos. Quando o Rijksmuseum começou a trabalhar com a Europeana, sua intenção era licenciar as imagens das obras em domínio público que seriam colocadas no portal digitalmente numa licença Creative Commons BY, ou seja, que permite qualquer uso das imagens, mas exige que a autoria seja atribuída – no caso, ao próprio Rijksmuseum. O receio era a perda de controle e a falta de sinalização de que aquela obra pertencia àquele acervo. O museu mudou de ideia após conversas com organizações que trabalham na defesa do domínio público, como a holandesa Kennisland e as fundações Wikimedia e Open Knowledge (Pekel, 2014:6). As obras digitalizadas que foram então integradas à Europeana vieram apenas com a marca de domínio público (*public domain mark*) do Creative Commons.

O passo seguinte no caminho de abertura do Rijksmuseum se deu quando, ainda em 2011, a organização Dutch Open Cultuur Data procurou o museu para disponibilizar imagens para sua iniciativa Apps4Netherlands. A ideia era que instituições fornecessem imagens livres de direitos, para que programadores e designers se debruçassem sobre o material para produzir aplicativos, de forma a experimentar o que pode ser feito para o público a partir desse tipo de material. O primeiro movimento da área de coleções do museu foi fornecer uma coleção não muito conhecida de desenhos chineses, como um primeiro passo cuidadoso. Mas o departamento de marketing insistiu então que, se a ideia era que pessoas trabalhassem com a coleção, o adequado seria dar acesso ao melhor que a coleção tinha.

> Eles argumentaram que o objetivo principal do museu era tornar a coleção conhecida do público, e a Internet pode facilitar isso enormemente. Eles acreditavam que tornar as imagens disponíveis não colocaria a existência do museu em risco. Pelo contrário, a reprodução digital de um item aumentaria o interesse do público nele, levando-os a comprar ingressos para o museu para ver a obra ao vivo [Pekel, 2014:7].

Foi nesse momento que obras da estatura de um Van Gogh, Vermeer ou Rembrandt foram disponibilizadas em alta qualidade, e tamanho suficiente para serem visualizadas em telas cheias de computadores e tablets. Foi a coleção mais utilizada da competição Apps4Netherlands, o que trouxe atenção para o Rijksmuseum e desencadeou um processo interno de discussão sobre os potenciais de uma estratégia de digitalização aberta.

Um dos principais pontos do debate foi a questão do controle sobre a qualidade das imagens. O receio de disponibilizar imagens digitais em alta resolução costuma ser que o uso liberado faça com que versões alteradas e em baixa qualidade das imagens comecem a surgir. Como guardião do acervo, o museu temia que o público deixasse de ter acesso à versão fidedigna da obra, que poderia prevalecer caso o museu não permitisse outros usos e não liberasse arquivos em alta resolução. Conforme relatado pelos profissionais do museu (Pekel, 2014:8), a decisão de liberação das imagens oficiais foi motivada por buscas na internet que mostraram que *já* havia uma série de reproduções não oficiais sendo divulgadas, com diferentes qualidades, com alterações de cor. A obra *A leiteira* (1657-58), de Vermeer, era um exemplo extremo disso. Eram mais de 10 mil cópias da imagem, feitas a partir de fotografias no museu, reproduções de impressos etc. O museu não tinha condições de controlar esses usos.[10]

O museu decidiu que a resposta a essa dificuldade seria munir a internet de uma cópia fidedigna, em alta resolução. Como a imagem foi então liberada sem camadas adicionais de direitos, ela passou a ser integrada como a oficial em sites também confiáveis, como a Wikipédia. Os algoritmos de busca passaram a encontrar então a imagem oficial em primeiro lugar – as de qualidade inferior tornaram-se menos populares ou mais irrelevantes.

---

[10] O caso de *A leiteira* foi tão paradigmático que o blog Yellow Milkmaid Syndrome, atualizado pela especialista em museus e ativista de cultura livre Sarah Stierch, coleta casos semelhantes, o que ela chama de "obras de arte com problemas de identidade" (Yellow Milkmaid Syndrome. Disponível em: <http://yellowmilkmaidsyndrome.tumblr.com/>. Acesso em: 20 jun. 2016).

Em outubro de 2012, o Rijksmuseum criou o Rijksstudio, uma plataforma web que, além de dar acesso às obras, comunica que as imagens podem ser reutilizadas e oferece uma forma de os usuários subirem os trabalhos que fazem reutilizando-as. São atualmente mais de 200 mil obras disponíveis, em altíssima resolução – alta a ponto de permitir uma impressão em um pôster, em uma parede toda, em uma colcha de cama (Pekel, 2014:5). O usuário pode, também, criar exposições a partir do acervo – em junho de 2015, eram mais de 206 mil coleções criadas por usuários, de temas variados. São exemplos Fancy Styles,[11] Pocket Watch[12] e Ugly Babies.[13] As coleções podem ser criadas para uso pessoal, em sala de aula etc. Eles passaram a promover ações com a coleção, como uma competição anual de novas obras a partir do acervo.[14]

As discussões que tiveram lugar para a decisão do Rijksmuseum de disponibilizar seu acervo sem quaisquer limitações de uso passaram por questões que são comuns às instituições, na Europa ou no Brasil. Dado que os custos de digitalização são elevados, uma parte relevante dos museus tem a pretensão de produzir pôsteres, cartões-postais, produtos com imagens da coleção, ou ainda, e mais relevante, cobrar pelo licenciamento para reprodução em livros, catálogos e produtos de terceiros. Colocar as obras em alta resolução online significa o fim de algumas dessas fontes de receita e poderia implicar a diminuição das outras, como os produtos próprios.

Em 2011, quando o Rijksmuseum começou a disponibilizar as imagens em média resolução (.jpg 4.500 × 4.500, +/- 2MB), cobrava 40 euros pelo arquivo master (.tiff, até 200MB); nesse momento, apesar da disponibilidade em média resolução, o aumento de receitas com

---

[11] Fancy Styles. Disponível em: <www.rijksmuseum.nl/en/rijksstudio/133810--illustrateur/collections/fancy-styles>. Acesso em: 20 jun. 2016.
[12] Pocket Watch. Disponível em: <www.rijksmuseum.nl/en/rijksstudio/202972--svetlana/collections/pocket-watch>. Acesso em: 20 jun. 2016.
[13] Ugly Babies. Disponível em: <www.rijksmuseum.nl/en/rijksstudio/5101--luke/collections/ugly-babies>. Acesso em: 20 jun. 2016.
[14] Rijksstudio Award 2015. Disponível em: <www.rijksmuseum.nl/en/rijksstudio-award>. Acesso em: 20 jun. 2016.

licenciamento mais que dobrou (Pekel, 2014:11). A decisão posterior por disponibilizar a resolução máxima também sem custos veio da constatação de que, ainda que expressiva, a receita correspondia a 0,2% das receitas totais do museu, e o trabalho envolvido no licenciamento tomava horas expressivas dos profissionais.[15] Decidiu-se, então, buscar financiamento de fundações para o projeto de digitalização e deixar de esperar que as receitas com licenciamento o remunerassem. O museu entende que a visibilidade midiática que sua iniciativa trouxe facilitou o financiamento – que, em algumas circunstâncias, exigia a abertura total (*open policy*) como pré-requisito (Pekel, 2014:12). E os benefícios relatados vão além dos financeiros: "Não há um único lugar físico onde todo o nosso acervo possa ser mostrado, mas na Internet isso é possível", afirmou a gerente de dados da instituição, Lizzy Jongman (apud Pekel, 2014:3).

Bem-sucedida que seja, é evidente que a experiência do Rijksmuseum não pode ser tratada como uma boa prática a ser pensada para instituições brasileiras. A realidade financeira e tecnológica é radicalmente diferente, bem como as condições para financiamento dos projetos. De qualquer forma, a iniciativa parece-nos valiosa para pensar em algumas questões, a partir das realidades das instituições. Por exemplo: para promover uma reflexão sobre o quanto se ganha financeiramente e quanto se gasta com licenciamento de imagens em domínio público; pensar se não valeria a pena investir numa estratégia digital de visibilidade e se haveria possibilidade de financiamento em outras frentes; se modelos de negócio baseados na disponibilização de imagens em resolução menor e licenciamento das maiores não poderiam fazer sentido; e pensar no valor da disponibilização aberta como cumprimento das missões institucionais de dar conhecimento dos acervos sob sua guarda, levando-os aonde as pessoas estão.

Neste livro, vêm relatadas outras três experiências institucionais, duas no Brasil e uma na Europa. As duas primeiras, descritas em pri-

---

[15] Joris Pekel (2014:12) relata que, em 2013, enquanto as receitas de licenciamento garantiram 181 mil euros ao museu, estimava-se que os custos com pessoal para viabilizar a atividade somavam em torno de 100 mil euros.

meira mão por profissionais das instituições, dizem respeito a projetos de digitalização do Instituto Hercule Florence ("Parcerias institucionais em bibliotecas virtuais: estudo de caso do Instituto Hercule Florence", de Francis Melvin Lee, Edson Satoshi Gomi e Roberto Fray da Silva), que se valeu de uma colaboração com o Laboratório de Engenharia de Conhecimento (Knoma) do Departamento de Engenharia de Computação e Sistemas Digitais da Escola Politécnica da Universidade de São Paulo. A segunda, da Biblioteca do Ministério da Fazenda ("Memória estatística do Brasil na Biblioteca do Ministério da Fazenda", de Eustáquio José Reis e Maria Gabriela Carvalho), relatando, entre diversos fatos, as etapas do projeto, teve a parceria firmada com o Internet Archive. A terceira experiência é a do Livrustkammaren och Skokloster Slott Med Stiftelsen Hallwylska Museet, um museu sueco, no artigo "Causando um grande impacto com um pequeno orçamento: como o LSH compartilhou sua coleção com o mundo", de Joris Pekel, traduzido do inglês por Julia Nemirovski para este volume. As experiências são contadas de forma detalhada e podem ser um importante recurso para organizações em vias de iniciar programas de digitalização.

Redes interinstitucionais

A colaboração entre instituições, embora ainda seja incipiente no Brasil, tem aparecido na forma de associações horizontais – frequentemente com o fomento estatal. Existem já algumas iniciativas nesse sentido, por exemplo, o GT Arquivos de Museus e Pesquisa, um grupo de pesquisa inscrito no diretório do Conselho Nacional de Desenvolvimento Científico e Tecnológico (CNPq), nascido de profissionais de arquivologia, museologia, biblioteconomia, conservação e curadoria de 12 instituições da cidade de São Paulo, em 2010. O foco do grupo não se restringe à discussão de políticas de digitalização – seu nascimento esteve ligado à discussão do papel dos arquivos e das práticas de documentação nas instituições museológicas –, mas a digitalização dos acervos é um tema proeminente de discussão, dado que um dos subgrupos destina-se à discussão e pesquisa da situação de preservação digital nas instituições participantes, e outro se dedica ao tema dos direitos autorais, com foco marcado nas atividades de digitalização e disponibilização online dos acervos.[16] O grupo é um espaço de compartilhamento de experiências entre seus membros e com um público ampliado, principalmente por meio dos seminários internacionais organizados bienalmente. Um dos objetivos do grupo, também, é trabalhar na criação de protocolos comuns de organização e indexação dos acervos. Suas atividades gerais ocorrem sem financiamento específico, com exceção de bolsas para pesquisadores em projetos específicos e o financiamento (em geral público) para os seminários.

Mais notável do ponto de vista da articulação específica para a criação de repositórios digitais é a Rede Memorial. Formada em 2011 por uma rede de 31 instituições públicas e privadas, seus objetivos são, de um lado, o compartilhamento de experiências e formação de um discurso público sobre digitalização de acervos que oriente as políticas públicas e as iniciativas de patrocinadores, agências financiadoras e fundos; de outro, a viabilização de projetos via financiamentos e capacitação. Foi assinado um documento de princípios, em 2009, reeditado em 2012 (II Fórum da Rede Memorial), constituindo os elementos básicos sobre os quais os membros da rede acordam e comprometem-se em trabalhar:

1) Compromisso com acesso aberto, público e gratuito (protocolos e metadados).
2) Compromisso com o compartilhamento das informações e da tecnologia.
3) Compromisso com a acessibilidade (recomendações do W3C).
4) Compromisso com a identificação, organização e tratamento como pré-requisito para digitalização.
5) Padrões de captura e tratamento de imagens (seguindo e ampliando os padrões do Conarq).

---

[16] A título de transparência, cabe esclarecer que a autora deste capítulo coordena o subgrupo de direitos autorais desde 2012.

6) Padrões de metadados e de arquitetura da informação dos repositórios digitais.
7) Padrões e normas de preservação digital (definição de diretrizes e sensibilização de *stakeholders*).
8) Projetos de educação, pesquisa e formação de pessoal.
9) Marketing e educação: difusão dos acervos, pesquisa e avaliação dos resultados, programas de inserção dos acervos na trama da sociedade.
10) Direitos autorais (estabelecer bases legais de gerenciamento e controle da autenticidade).[17]

Entre as instituições signatárias, são participantes do Sistema MinC centros universitários de documentação, bibliotecas importantes, como a Mário de Andrade (cidade de São Paulo) e a Brasiliana Mindlin (Universidade de São Paulo), o Arquivo Nacional e outros arquivos públicos estaduais. Além da articulação institucional, a Rede Memorial pretende capacitar e dar condições para instituições estabelecerem políticas de digitalização seguindo os princípios da carta. No primeiro semestre de 2014, com o apoio do Ministério da Cultura (MinC) e da Petrobras, a rede abriu um edital para projetos, priorizando instituições sem experiência no campo. Selecionou 10 projetos envolvendo somente acervos livres de direitos autorais, os quais foram premiados com equipamentos e treinamentos, que estão sendo implementados.

Políticas públicas

Amplificar o potencial de acervos digitais passa necessariamente pela elaboração de políticas setoriais que fortaleçam a comunicação entre as políticas institucionais. No âmbito do governo federal, atualmente, o Ministério da Cultura tem capitaneado discussões a partir de alguns instrumentos.

---

[17] Ver lista com explicações, em cada ponto, em Rede Memorial. Disponível em: <http://rede-memorial.org/?page_id=97>. Acesso em: 20 jun. 2016.

O Plano Nacional de Cultura (PNC – Lei n° 12.343/2010) é o instrumento previsto pela Emenda Constitucional n° 48/2005, que estabeleceu a necessidade de criar planos sistemáticos e plurianuais para as políticas públicas de cultura. O objetivo foi "suprir uma carência normativa histórica, da qual a cultura padece e que é evidenciada de duas maneiras: a condição esparsa e sem organicidade dos marcos legais da cultura e a não definição de prioridades para a atuação estatal" (Varella, 2014:97). Um diagnóstico, produzido em 2007 pelo Ministério da Cultura em conjunto com o Instituto de Pesquisa Econômica Aplicada (Ipea), dava conta de que o poder público tinha pouca participação em ações culturais pelo país, havia carência de recursos financeiros e gestão efetiva na cultura e a articulação entre os três níveis federativos era precária (Varella, 2014:99). O plano vinha, então, com o objetivo de estabelecer prioridades e coordenar ações entre os entes governamentais, criando obrigações para o Estado e servindo como ferramenta para que a sociedade exija dele a execução das políticas públicas. Do ponto de vista genético, o plano foi resultado também de duas conferências nacionais, além de colegiados e seminários. São cinco suas diretrizes gerais:

1) fortalecer a ação do Estado no planejamento e na execução de políticas culturais;
2) incentivar, proteger e valorizar a diversidade artística e cultural brasileira;
3) universalizar o acesso dos brasileiros à fruição e à produção cultural;
4) ampliar a participação da cultura no desenvolvimento econômico sustentável;
5) consolidar os sistemas de participação social na gestão de políticas culturais.

A digitalização de acervos diz respeito especialmente ao pilar do acesso universal. Nas diretrizes para o Plano Nacional de Cultura, em 2008, o Ministério da Cultura publicava:

O acesso universal à cultura é uma meta do Plano que se traduz por meio do estímulo à criação artística, democratização das condições de produção, oferta de formação, expansão dos meios de difusão, ampliação das possibilidades de fruição, intensificação das capacidades de preservação do patrimônio e estabelecimento da livre circulação de valores culturais, respeitando-se os direitos autorais e conexos e os direitos de acesso e levando-se em conta os novos meios e modelos de difusão e fruição cultural [Ministério da Cultura, 2008:11].

O plano estabelece 275 ações e previu a elaboração de metas prioritárias, o que se deu em 2012, após consulta pública na internet. Desse processo, ficaram estabelecidas 53 metas, a serem implementadas até 2020 e acompanhadas por meio do Sistema Nacional de Indicadores e Informações Culturais (SNIIC), responsável por indicadores e ferramentas para medir a implementação das metas. Duas delas dizem respeito aos acervos digitais:

> Meta 40: Disponibilização na Internet de conteúdos que estejam em domínio público ou licenciados.
> Meta 41: 100% de bibliotecas públicas e 70% de museus e arquivos disponibilizando informações sobre seu acervo no SNIIC [Ministério da Cultura, 2013:13].

No caso da meta 40, o objetivo é que sejam disponibilizadas na internet as obras em domínio público das instituições do próprio Ministério da Cultura. Como exemplos, o documento de metas traz o Centro Técnico Audiovisual (CTAv), a Cinemateca Brasileira, a Fundação Casa de Rui Barbosa (documentos, livros e obras visuais), o Instituto do Patrimônio Histórico e Artístico Nacional – Iphan (inventários e ações de reconhecimento), a Fundação Biblioteca Nacional (restringindo-se a obras de autores brasileiros) e o Centro de Documentação da Fundação Nacional das Artes (Cedoc/Funarte). "Para digitalizar os acervos, o MinC tem uma parceria com a Rede Nacional de Pesquisa (RNP) e está desenvolvendo uma política de digitalização de acervos" (Ministério da Cultura, 2013:110-112). Não há informações atualizadas sobre o cumprimento da meta; dados sobre o ano de 2013 indicam que somente 5,33% da meta teriam sido cumpridos:

- Centro Técnico Audiovisual (CTAv): digitalizou 70% do acervo, mas não disponibilizou na Internet;
- Cinemateca Brasileira: disponibilizou 1,5% do seu acervo na Internet;
- Fundação Casa de Rui Barbosa (FCRB): disponibilizou 9,1% do seu acervo na Internet;
- Instituto do Patrimônio Histórico e Artístico Nacional (Iphan): disponibilizou 36% do seu acervo na Internet;
- Fundação Biblioteca Nacional (FBN): disponibilizou 17,6% do seu acervo na Internet. Importante destacar que o acervo da FBN que está sendo contabilizado envolve todas as obras do acervo, tanto do acervo de obras raras quanto de manuscritos, discos, fotografias, gravuras, libretos, partituras, desenhos, mapas etc; e
- Fundação Nacional de Artes (Funarte): digitalizou 69% do acervo, mas não disponibilizou na Internet.[18]

Quanto à meta 41, a ideia é que os metadados dos itens pertencentes a bibliotecas, arquivos e museus públicos sejam disponibilizados no SNIIC – o que, reconhece o MinC, deve ser precedido de ações de qualificação, inventário e catalogação (Ministério da Cultura, 2013:113-115). O SNIIC foi implementado, e as informações estão sendo inseridas (não há dados recentes sobre o quanto da meta foi atingido). O Instituto Brasileiro de Museus (Ibram), uma autarquia do Ministério da Cultura, lançou também o projeto Acervo em Rede, que dará conta dessas informações sobre os museus e que ainda não foi implementado.

---

[18] Acompanhamento das metas. Disponível em: <http://pnc.culturadigital.br/metas/>. Acesso em: 20 jun. 2016.

A esse respeito, cabe uma observação de campo importante. Embora não tenhamos as mesmas informações sobre o campo de bibliotecas e acervos, ao longo do desenvolvimento da pesquisa tivemos acesso à informação de que uma parte considerável dos museus brasileiros mantém uma precária catalogação de seus acervos. O Ibram realizou, em novembro de 2014, seu 6º Fórum Nacional de Museus (FNM), em Belém do Pará. Uma das atividades previstas era a revisão do Plano Nacional Setorial de Museus (PNSM).

O Plano Nacional Setorial de Museus surgiu em decorrência do Plano Nacional de Cultura, da II Conferência Nacional de Cultura e de reuniões setoriais. O objetivo foi pensar o setor de museus estrategicamente, na toada do PNC, e teve suas diretrizes (141) aprovadas no 4º Fórum Nacional de Museus, em 2010, após plenárias estaduais. Em 2003, havia sido estabelecida a Política Nacional de Museus, a qual criou o Sistema Brasileiro de Museus (SBM), o Departamento de Museus e centros culturais no Iphan, o Cadastro Nacional de Museus (CNM), o Estatuto de Museus e o próprio Ibram (Ministério da Cultura, 2010:8), que entrou em operação em 2009. No desenvolvimento das atividades em torno do PNSM, o Ibram julgou que era infactível trabalhar com o conjunto de 141 diretrizes e empreendeu um trabalho de priorização que gerou 36 delas, que abarcariam as demais indiretamente (Ministério da Cultura, 2014:12). No 6º FNM, foram formados oito grupos de trabalho temáticos, para trabalhar com três a seis diretrizes e discutir a adequação de seus indicadores. Um deles, o Grupo A, tinha a seguinte descrição: "O grupo abordará indicadores que mensuram aspectos da universalização do acesso à cultura, entendido o acesso em suas múltiplas dimensões: física, simbólica, virtual, social, material e imaterial, entre outras". A coautora desse texto participou desse grupo, que trabalhava com quatro diretrizes.[19] Duas delas diziam respeito à acessibilidade, uma à revitalização e adequação de uso de espaços públicos ociosos, e uma à "política de

---

[19] Ver consolidação das diretrizes e indicadores em "Indicadores PNSM". Disponível em: <www.museus.gov.br/wp-content/uploads/2014/12/Indicadores-PNSM_Consolidacao_pos6FNM.pdf>. Acesso em: 20 jun. 2016.

acessibilidade universal para museus e centros culturais", cujo produto previsto era "Museus com acervos digitais disponibilizados na web".

O impacto previsto para essa diretriz foi apresentado como "democratização do acesso"; o indicador, "percentual de museus com acervos digitais disponibilizados na web"; a fórmula para medição: (quantidade de museus com acervos digitais disponibilizados na web / quantidade total de museus brasileiros) × 100. Nesse momento, apontamos que parecia pouco preciso formular o sucesso em termos de democratização do acesso pelo percentual de *museus* com acervos digitais. Afinal, uma única obra digitalizada em cada museu constituiria, então, que a diretriz havia sido implementada com sucesso? De acordo com essa métrica, 10% das mais de 3 mil instituições museais teriam acervos online.[20]

Nesse momento nos foi informado que essa observação já havia sido feita pela equipe técnica responsável pelo acompanhamento das diretrizes, e o objetivo inicial era medir o percentual de itens digitalizados em relação a itens totais. No entanto, o Ibram se deu conta de que uma proporção considerável de museus não tinha seu acervo inteiramente catalogado – não sabem com precisão quantos ou quais são os itens de seus acervos, o que tornaria impossível o monitoramento em tais termos. É por essa razão que nos parece que formular políticas públicas acerca de acervos digitais no Brasil passa necessariamente por dar um passo atrás e pensar a qualificação dos acervos, ainda que políticas e projetos de digitalização possam e devam acontecer concomitantemente.

Desde 2009, o MinC tem estabelecido um diálogo com a Rede Nacional de Ensino e Pesquisa (RNP), uma organização federal que, com um contrato de gestão com o Ministério da Ciência e Tecnologia e mantida também pelos ministérios da Educação, da Cultura e da Saúde, foi pioneira como rede nacional de acesso à internet no Brasil em 2002 e "tem como principal incumbência promover o desenvol-

---

[20] Disponível em: <www.museus.gov.br/acessoainformacao/acoes-e-programas/cursos-eventos/acervo-em-rede/>. Acesso em: 20 jun. 2016.

vimento tecnológico e apoiar a pesquisa de tecnologias de informação e comunicação, criando serviços e projetos inovadores e qualificando profissionais" (Balbi, Zendron e Silva, 2014:23). O MinC e a RNP promoveram eventos para formular uma ampla política pública de digitalização, o que resultou numa compreensão mais profunda sobre as questões envolvidas. Consta que essa colaboração ainda não produziu os resultados esperados, principalmente pela dificuldade de estabelecer uma articulação para a elaboração de um plano nacional para acervos digitais e pela ainda marcante fragmentação dos acervos existentes (Balbi, Zendron e Silva, 2014:23).

Da percepção de que seria necessário estabelecer frentes de trabalho mais focadas para desenvolver o campo dos acervos digitais no Brasil, o MinC, além de dar apoio à já citada iniciativa da Rede Memorial de oferecer infraestrutura e treinamento para 10 instituições comprometidas com a Carta de Recife (prêmio Memorial Digital), está, com a RNP e a Universidade Federal de Pernambuco, administrando o edital "Preservação e acesso aos bens do patrimônio afro-brasileiro". O investimento total de R$ 1,7 milhão será direcionado a projetos de "coleta, resgate, recuperação, conservação e disponibilização" de acervos relacionados ao patrimônio afro-brasileiro, com o objetivo final de disponibilização na internet.[21] A RNP tem a função de oferecer a infraestrutura para digitalização e disponibilização dos conteúdos, mediante compartilhamento, pelas instituições, de equipamentos e equipes especializadas; o foco é a criação de acervos digitais distribuídos, porém integrados, em plataformas de software livre que permitam a busca integrada entre todos os acervos participantes. Embora o edital tenha selecionado 24 projetos, a ideia é que a experiência seja um protótipo, e que os arranjos técnicos e metodológicos possam ser utilizados para integrar outros acervos no futuro e componham as bases de um programa nacional para acervos digitais. O MinC declara estar desenvolvendo o projeto sob o paradigma de *social digital library*, que

---

[21] De acordo com apresentação feita por José Murilo no Encontro Cultura Digital, organizado pelo MinC em Brasília, no dia 24 de abril de 2015.

consiste no entendimento de que os usuários de internet têm, em seus diferentes níveis de especialização, papel relevante na classificação, contextualização e visibilidade das coleções, e que os padrões e plataformas devem ser desenvolvidos para favorecer essa potencialidade.

Ainda no campo das políticas públicas, é crucial ressaltar o papel que o BNDES tem assumido no fomento a iniciativas de digitalização e acesso a acervos brasileiros. Como se trata de um híbrido entre políticas públicas e financiamento, trataremos desse papel no item seguinte.

Financiamento

Um dos fatores grandemente diferenciadores da situação da digitalização de acervos no Brasil e em países da Europa e nos Estados Unidos é a precária estrutura de financiamento desse tipo de projeto que, como indicamos, é custoso. A dificuldade em se manter esse tipo de projeto do ponto de vista financeiro é apontada por profissionais do setor como um problema de governança, que implica forte descontinuidade. Se projetos de digitalização com financiamento por fontes autônomas são impensáveis para instituições de pequeno porte, sobrevivendo de pequena dotação, também instituições de maior porte alegam ter dificuldade de obter recursos nos editais públicos, que favorecem instituições menores, seja pela dificuldade adicional que elas apresentam, seja porque os projetos são de fato mais baratos. De outro lado, financiadores têm apontado para a falta de sustentabilidade nos apoios a instituições menores. A ausência, ainda, de uma cultura generalizada de priorização das estratégias digitais faz com que, no momento de planejamento geral, as instituições não prevejam recursos específicos para digitalização e preservação digital. O caso parece ser mais grave nas instituições de preservação de acervos audiovisuais, dado o custo elevado envolvido.

O financiamento público pelo sistema do mecenato (iniciado no Brasil com a Lei Sarney, reformulada pela Lei Rouanet – Lei nº 8.313/1991, em nível federal), por meio do qual os valores de investimentos são aprovados pelo poder público, mas a escolha de para onde os recursos serão efetivamente direcionados é feita pelo setor privado, que, por meio da renúncia fiscal, escolhe os projetos em que investir, é apontada como um fator de dificuldade. O sistema favoreceria o investimento em ações de grande visibilidade – o que, de maneira geral, não caracteriza o desenvolvimento de projetos de pequeno e médio alcance de acervos digitais. Quando um projeto é financiado, alega-se, acaba-se por priorizar os *hits* de um determinado acervo, que trazem mais visibilidade, em detrimento de acervos menos conhecidos ou menos comercializáveis. Assim, uma participante dos workshops levantou o exemplo de um acervo audiovisual de um Nilo Machado, que dirigia *soft porns* entre 1960 e o início dos anos 1980, e que não tem qualquer apelo comercial. Outro levantou a falta de interesse em acervos históricos importantes, mas "sem charme", como a memória estatística do país.

Uma discussão mais detida sobre o tema de financiamento a projetos de digitalização de acervos no país é feita neste livro por João Dias Turchi e Nichollas de Miranda Alem, no texto "Financiamento de acervos no Brasil".

As alternativas do presente

Pouco discutidas fora do meio altamente envolvido com digitalização de acervos são as soluções que podem ser encontradas por meio de colaborações, como o apoio que é oferecido às bibliotecas pelo Instituto Brasileiro de Informação em Ciência e Tecnologia (IBICT) em treinamento e equipamentos. Outras colaborações que podem se mostrar frutíferas dizem respeito ao trabalho com redes voluntárias formadas em torno de interesses, como é o caso dos colaboradores do projeto Wikimedia. Parcerias dessa sorte podem levar à melhoria, correção e tradução de metadados dos acervos – sem casos conhecidos no Brasil, o projeto Wikipedians in Residence, por exemplo, é uma forma de uma instituição aproveitar do método e conhecimento acumulado por wikipedistas para atingir seus objetivos institucionais, levando os resultados também para plataformas como a Wikipédia. Por fim, ressalta-se em uníssono a necessidade da formação de redes entre instituições, seja porque isso garante a sustentabilidade dos projetos e favorece o desenvolvimento de uma política não segmentada de digitalização, seja porque instituições de fomento, como o Banco Interamericano de Desenvolvimento e o BNDES, favorecem o apoio a projetos de escala.

O BNDES

O BNDES justifica seu investimento em acervos memoriais com a importância que acervos assumem para o ciclo de produção, distribuição e acesso à cultura e ao conhecimento, em cadeias produtivas como a economia criativa, reportando ter, de 2004 a 2014, investido mais de R$ 100 milhões em mais de 140 projetos de preservação em geral de acervos, "o que torna o banco uma das mais importantes instituições apoiadoras desse segmento no país" (Balbi, Zendron e Silva, 2014:8).

Em artigo de balanço dessas ações, publicado em junho de 2014, o BNDES destaca algo que ficou também evidente na participação do banco nos workshops que realizamos: que sua atuação como patrocinador tem passado de financiamento de pequenos projetos, de reduzido valor, para ações estruturantes do setor,[22] de maior complexidade (Balbi, Zendron e Silva, 2014:10, 25). Além da percepção de que pequenos projetos muitas vezes não conseguiam se sustentar posteriormente pela falta inclusive de uma rede de apoio entre instituições, a participação do banco nos workshops deixou claro também que a tramitação interna dos contratos de patrocínio é burocrática e custosa do ponto de vista de uso de estrutura e tempo dos profissionais, o que faz com que patrocínios menores acabem por valer também pouco a pena.

---

[22] "Entende-se por projeto estruturante o conjunto de ações que, inicialmente orientadas para o fortalecimento das instituições proponentes, são capazes de promover benefícios para uma rede de outras instituições ou até mesmo para o setor como um todo. Nesses casos, tais instituições já exercem, usualmente, papel de liderança ou destacam-se em determinado conhecimento ou prática. Assim, os projetos estruturantes são parte integrante de uma política única de atuação setorial do Banco" (Balbi, Zendron e Silva, 2014:33).

Em 10 anos de atuação do BNDES no setor de acervos brasileiros, as duas principais modalidades de apoio foram os editais públicos (em 136 projetos, valor total de cerca de R$ 48 milhões) e os projetos estruturantes (cerca de R$ 55 milhões), "voltados para o fortalecimento de instituições culturais de relevância nacional e para a preservação do patrimônio cultural" (Balbi, Zendron e Silva, 2014:26). Foi a partir de 2010, quinta edição do seu edital, que o banco começou a financiar por meio da "modalidade âncora", que visa a projetos de maior complexidade e que potencializem o compartilhamento e articulação entre instituições, seja por meio da propositura de projetos separados, vinculados tematicamente, geograficamente ou por outros elementos comuns ("aglutinados") ou de um projeto de replicar uma experiência bem-sucedida em outros projetos ("rede"). A partir de então, o BNDES passou a analisar os projetos também pelos procedimentos usualmente aplicados pela instituição (fluxo contínuo). Dessa atuação do BNDES, resultou a viabilização de três projetos importantes, como a Biblioteca Nacional (que recebeu R$ 32 milhões em recursos, para ações de integridade física e também para a implantação do Centro de Processamento de Dados), a Biblioteca Brasiliana Mindlin (USP), e a Cinemateca Brasileira. Neste último caso, um apoio de R$ 2 milhões destinou-se à criação de um espaço com condições técnicas e operacionais para restauro e digitalização de acervos audiovisuais, garantindo a preservação de matrizes históricas (Balbi, Zendron e Silva, 2014:35). Cabe colocar que o BNDES está mantendo discussões também com a Rede Memorial para formular uma ação desse porte no futuro.[23] O banco avalia os resultados de suas ações como positivos, por vários pontos de vista (Balbi, Zendron e Silva, 2014).

---

[23] "O BNDES acompanha a evolução da Rede Memorial desde sua criação e hoje articula, com atores do setor, a elaboração de um projeto-piloto voltado para digitalização de acervos memoriais, com alcance nacional e aplicação das diretrizes internacionalmente consagradas" (Balbi, Zendron e Silva, 2014:25).

Direito autoral

Uma das frentes de maior discussão no que diz respeito a acervos digitais é a questão do direito autoral. Não é uma discussão que se restrinja às obras que ainda se encontram sob proteção; também quanto às obras em domínio público subsiste uma acalorada discussão sobre camadas adicionais de direitos que se colocam como um problema de administração e custos para políticas e projetos de digitalização.

Limitações e exceções

Em março de 2015, o Conselho de Direitos Humanos da ONU divulgou um relatório sobre política de direito autoral e o direito à ciência e à cultura (entendidos como fundamentais para a dignidade humana e para a autonomia) com conclusões bastante contundentes acerca do papel das limitações e exceções na proteção a esses direitos. Entre as recomendações, a relatora, Farida Shaheed, sugeriu que a Organização Mundial de Propriedade Intelectual (OMPI) apoie tratados de limitações e exceções para bibliotecas e para educação (Shaheed, 2014:21).

Focando nas tensões existentes entre propriedade intelectual e direitos humanos, o relatório enfatiza que a proteção à autoria e participação na cultura são ambos direitos humanos, mas que a propriedade intelectual em si não é um direito humano, visto que autores devem ser distinguidos de detentores de direitos patrimoniais. Embora os intermediários tenham funções nas cadeias produtivas culturais, sugere o relatório, a proteção ao direito patrimonial nem sempre é direcionada a garantir que o autor mantenha sua subsistência, proteja sua liberdade científica e artística, a integridade de seu trabalho e o direito à correta atribuição. A conclusão é que o balanço necessário entre os direitos em questão exige que os Estados legislem sobre exceções e limitações que permitam usos educacionais, expandam os espaços de cultura não comercial, e deem acesso a pessoas com deficiência e em línguas não dominantes, e que incentivem o uso de licenças livres em alguns setores. Como os tratados internacionais estabelecem a proteção à propriedade intelectual como obrigatória, mas as limitações e exceções como opcionais, sua recomendação principal é que eles passem a adotar um mínimo obrigatório de limitações e exceções, ou uma espécie de "*fair use* internacional".

De fato, desde 2008, tem sido discutido, na Standing Committee on Copyright and Related Rights (SCCR) da OMPI um tratado que crie limitações e exceções para bibliotecas e arquivos. Entre os pontos em discussão, estão limitações relativas a cópia para preservação, reprodução para empréstimo a pesquisadores, obras órfãs, limitação de responsabilidade para funcionários das instituições, licitude para violar DRM para gozar de limitações e exceções, nulidade dos contratos que excluem limitações e exceções, além de direito de tradução em algumas hipóteses. Foi apresentado, na reunião de número 17 (SCCR/17/2), em 2008, um estudo encomendado pela OMPI para subsidiar a discussão (CREWS, 2008). Os resultados indicaram que muitos dos países-membros não tinham exceções e limitações para bibliotecas e arquivos em suas legislações nacionais (ou tinham apenas limitações genéricas).

Em 2012, uma proposta foi elaborada por algumas organizações representativas de arquivos e bibliotecas pelo mundo: a International Federation of Library Associations (IFLA), a Electronic Information for Libraries (EIFL), o International Council on Archives (ICA) e a Corporación Innovarte, organização sem fins lucrativos sediada no Chile. O International Council of Museums (ICOM) esteve afastado das tratativas iniciais e acabou por se distanciar do projeto por entender que não havia consenso suficiente entre os museus para apoiá-lo. Outros documentos foram oferecidos também; apesar da discussão já se arrastar por muitas reuniões da SCCR, a situação geral é de oposição pelos países desenvolvidos. O Brasil tem sido um defensor da proposta.

A Lei de Direitos Autorais brasileira (Lei nº 9.610/1998: LDA) não contém nenhuma provisão específica de limitações e exceções para bibliotecas, arquivos ou museus. Há algumas limitações que poderiam ser utilizadas no contexto de atividade dessas instituições. Assim, por exemplo, a cópia de pequenos trechos, para uso privado do copista (art. 46, II: não existe um direito genérico de uso privado); a reprodução, em quaisquer novas obras, de pequenos trechos de obras preexistentes (ou da obra integral, quando de artes plásticas), guardadas algumas condições.

Os profissionais de instituições de memória brasileiras participantes dos workshops apontaram para o que consideram a maior falha da nossa legislação: a ausência de uma limitação específica para reprodução em casos de preservação – ainda que o suporte físico esteja deteriorando, a atividade não é expressamente autorizada pela legislação. De outro lado, foram apontados entendimentos no sentido de que os direitos culturais previstos na Constituição Federal autorizariam essa intervenção, ainda que não prevista expressamente. De qualquer forma, subsiste a insegurança quanto a esses usos.

Neste livro, dois artigos tratam do tema das limitações e exceções, de pontos de vista diferentes. Beatriz Ribeiro de Moraes, em "Direitos autorais nas obras de artes plásticas: livre reprodução para preservação e divulgação de acervo", discute as limitações e exceções relativas a obras de artes plásticas, e Bianca Amaro traz o mesmo assunto, mas relativamente às bibliotecas, em "Os direitos autorais e sua relação com as bibliotecas e com a pesquisa brasileira". Ambas denunciando a rigidez da legislação autoral brasileira em cada uma das áreas.

Obras órfãs

Outro ponto de preocupação é o que fazer em relação a obras órfãs, ou seja, aquelas sobre as quais ou não há informação de autoria, ou não existem herdeiros dos direitos patrimoniais, ou eles não são conhecidos. O problema é especialmente relevante em relação a fotografias, que frequentemente não contêm informações de proveniência ou autoria em si mesmas (U.S. Copyright Office, 2015:11). Embora não sejam conhecidos dados sobre a proporção de obras órfãs em instituições de memória brasileiras, tudo indica que o problema seja substancial, como é em outros países. No Reino Unido, por exemplo, as estimativas são impressionantes: dados de 2009 davam conta que, só no

Museu de História Nacional de Londres, 20% dos cerca de 1 milhão de livros e 25% dos cerca de 500 mil dos itens da coleção eram órfãos (JISC, 2009).
A Lei de Direitos Autorais brasileira é bastante vaga sobre o assunto:

> Art. 40. Tratando-se de obra *anônima* ou pseudônima, caberá a quem publicá-la o exercício dos direitos patrimoniais do autor.
> Parágrafo único. O autor que se der a conhecer assumirá o exercício dos direitos patrimoniais, ressalvados os direitos adquiridos por terceiros.
> [...]
> Art. 45. Além das obras em relação às quais decorreu o prazo de proteção aos direitos patrimoniais, pertencem ao *domínio público*:
> I - as de autores falecidos que não tenham deixado sucessores;
> II - as de *autor desconhecido*, ressalvada a proteção legal aos conhecimentos étnicos e tradicionais [grifo nosso].

O próprio entendimento a respeito do que é suficiente para considerar que a obra é anônima, ou a determinação de que não há sucessores, é um fator de angústia – as instituições queixam-se da falta de um procedimento que as proteja no caso de utilização dessas obras, como sua digitalização e disponibilização na internet. Relatam o receio de utilizar algo dessa sorte diante da possibilidade de surgirem os autores ou herdeiros, dada a inexistência de parâmetros a respeito de uma remuneração justa diante de sua fragilidade financeira. A lei não estabelece nenhum parâmetro, como estabelecem leis estrangeiras (adiante), sobre o que poderiam as instituições fazer como mínimo considerado necessário para que o uso seja caracterizado como de boa-fé, o que poderia garantir que, embora devessem indenizar pelo uso, não incorressem em ao menos parte dos ilícitos civis previstos na Lei de Direitos Autorais.

Essa questão aparece de forma bastante prática em relação a bibliotecas e arquivos que lidam com materiais produzidos por pessoas jurídicas que tenham deixado de existir, no caso de indeterminação quanto ao que aconteceu com seu espólio. É frequente que revistas importantes para a história do país não sejam digitalizadas por não se saber a quem pertencem os direitos.

Pelo mundo, há hoje mais de 20 países com leis aprovadas para lidar com o problema das obras órfãs. Algumas dessas leis enfrentam a questão com um modelo caso a caso, elaborando um modelo no qual o usuário tem de cumprir alguns passos para comprovar que buscou diligentemente encontrar o titular de direitos em cada obra, enquanto outras criam soluções de licenciamento de massa. Um dos modelos, no último caso, é o chamado *extended collective licensing* (ECL). Nessa modalidade, uma organização de gestão coletiva de direitos tem o mandato de recolher valores relativos a todas as obras existentes, ainda que os titulares de direitos não estejam afiliados a ela, provisionando os valores relativos aos titulares não afiliados, para pagá-los uma vez que eles o demandem, a não ser que o titular expressamente opte por não participar. É o modelo adotado nos países nórdicos (U.S. Copyright Office, 2015:19).

A Comissão Europeia começou a negociar, em 2011, uma diretiva para endereçar a questão das obras órfãs. Nas tratativas, foi rejeitada a proposta de criar uma ECL europeia, porque esse modelo tornaria difícil a diferenciação entre obras protegidas e órfãs, criando assim um problema financeiro para instituições que detivessem um grande número delas (como era o caso em algumas das importantes instituições de memória apoiando a construção da diretiva), que teriam de pagar por usos sem valor de mercado (U.S. Copyright Office, 2015:20). Em outubro de 2012, a Comissão Europeia aprovou então a Diretiva sobre Certos Usos Permitidos de Obras Órfãs, que exigiu que os países da União Europeia aprovassem leis permitindo alguns usos (mais de 20 países já o fizeram até o momento), e somente em relação às seguintes categorias de organizações: bibliotecas, estabelecimentos educacionais, museus, arquivos, instituições de memória audiovisual e emissoras de rádio e TV públicas – excluído o setor empresarial. De acordo com a diretiva, o uso deve ser precedido por uma "busca diligente", e, uma vez que uma obra seja determinada órfã em um país-membro, ela o será nos demais – mediante a criação de um registro único de obras órfãs. Subsistiu a possibilidade de detentores de direito reclamarem indenização "justa" posteriormente. A solução trazida pela diretiva foi considerada insuficiente pelas instituições de memória que capitaneavam o processo, dada a incerteza que permaneceria sobre as instituições.[24]

Recentemente, em junho de 2015, o U.S. Copyright Office publicou um extensivo estudo sobre obras órfãs, sua importância na difusão da criatividade e do aprendizado e, principalmente, seu papel de bloqueio nas iniciativas de digitalização em massa (U.S. Copyright Office, 2015). Não existe atualmente uma regulamentação sobre uso de obras órfãs nos Estados Unidos, apesar de algumas tentativas de projetos de lei e de um projeto ter passado no Senado em 2008. Após análise de formas de lidar com obras órfãs em distintas jurisdições, o relatório conclui que o problema é "generalizado e significativo" (U.S. Copyright Office, 2015:2) e que há incentivos negativos para o uso de obras órfãs, à medida que um detentor de direitos pode surgir e cobrar valores substanciais pelo uso não autorizado da obra. As recomendações do órgão foram as de que sejam estabelecidos limites de responsabilidade na quantificação dos pagamentos a serem feitos a usuários que consigam provar que, após buscas diligentes, não conseguiram encontrar os detentores de direitos antes do uso. Além disso, instituições sem fins lucrativos, como museus, bibliotecas e arquivos, deveriam ter tratamento preferencial, expresso em valores reduzidos.[25]

Neste livro, o capítulo "Algunos retos sobre la digitalización del acervo patrimonial en Colombia: el caso de las obras huérfanas", de Carolina Botero, María Juliana Soto e David Ramírez-Ordóñez, trata do problema, do ponto de vista legislativo, das obras órfãs na Colômbia

---

[24] Outros modelos com mais especificidades e garantias às instituições foram propostos na Hungria, na França, na Alemanha, no Reino Unido, no Canadá e na Coreia. Ver o relatório do U.S. Copyright Office (2015) para informações detalhadas.
[25] Ressalte-se que a proposta é oposta ao que vem sendo negociado pelo U.S. Trade Representative no âmbito das tratativas para assinatura do Trans-Pacific Partnership (TPP) (Love, 2015).

e propõe uma solução, que pode ser inspiradora para o Brasil e para a região.

Acervos constituídos

Do ponto de vista prático, relata-se que a preocupação sistemática com direitos autorais por parte das instituições de memória no Brasil não data de mais de 20 anos e surgiu apenas após detentores de direitos em geral terem se organizado pela satisfação de seus direitos. A consequência disso é que a aquisição de acervos constituídos ao longo das décadas anteriores não veio acompanhada do licenciamento desses acervos para usos pela instituição. É comum o relato de instituições que guardam acervos importantes, mas não têm autorização para fazer qualquer uso deles, dependendo sempre, e em cada caso, de uma negociação e autorização específica. Ainda nos casos em que o licenciamento caso a caso seja gratuito, ou seja, o detentor dos direitos não exija compensação financeira, o custo administrativo costuma ser relevante. Além disso, ainda que tenha ocorrido um licenciamento para determinados usos, se eles ocorreram há muito tempo, provavelmente não existirá uma autorização para os usos digitais, como as cópias de preservação ou a disponibilização na internet, nos acervos digitais ou ainda nas mídias sociais. Relata-se também que o surgimento de novas formas de fruição, como é o caso do e-book, fazem com que usos que antes eram entendidos como permitidos, como o empréstimo, tornem-se polêmicos.

As obras criadas por funcionários e prestadores de serviços

Os problemas relativos à administração dos licenciamentos apontam para uma realidade sociológica que é uma relativa falta de advogados especializados em direitos autorais, ou, ainda, a falta do conhecimento de direitos autorais por parte de assessores jurídicos com funções mais gerais. Enquanto poucas instituições privadas de memória no Brasil têm advogados *in house*, as instituições públicas contam com a assessoria das procuradorias, que, salvo notáveis exceções, não são versadas em direito autoral ou, menos ainda, em um entendimento do direito autoral voltado às instituições de memória, campo extremamente incipiente no país. Durante os workshops, profissionais queixaram-se de departamentos jurídicos pouco alinhados com a atividade e missão das instituições em que trabalham.

Ainda nessa esteira, engatinha no país a prática de as instituições adotarem uma política de direitos autorais que venha a dar segurança a sua atuação nas diferentes frentes. Alguns museus têm se preocupado com os contratos de licenciamento no momento da aquisição dos acervos, ou de prestação de serviços, como o de fotografia. As instituições em geral relatam insegurança sobre o que fazer quanto às obras criadas por seus próprios funcionários no âmbito do contrato de trabalho. A inserção de previsões de cessão patrimonial no momento da contratação de profissionais que venham a desenvolver trabalhos criativos para as instituições em que atuam parece ser ainda prática quase desconhecida dessas instituições.

O domínio público e as camadas adicionais de direitos

No Brasil, obras intelectuais passam a fazer parte do domínio público 70 anos após a morte do autor – o prazo passa a contar a partir de 1º de janeiro do ano subsequente à morte (LDA, art. 41). Há uma série de regras excepcionais. Se a obra houver sido criada em regime de coautoria indivisível, o prazo conta da morte do último dos coautores sobreviventes (art. 42); quanto a obras anônimas ou pseudônimas, o prazo é de 70 anos após a publicação, a não ser que o autor se dê a conhecer antes (art. 43); no caso das obras audiovisuais e fotográficas, o prazo é de 70 anos contatos a partir do 1º de janeiro subsequente à *divulgação* (art. 44). Determinar esses prazos pode nem sempre ser simples; os profissionais das instituições relatam dificuldades nesse processo. Uma iniciativa que seria bastante bem-vinda é a calculadora de domínio público, implementada para países da União Europeia (http://outofcopyright.eu/).

Uma obra que está em domínio público pode ser utilizada para qualquer finalidade, ressalvados sempre os direitos morais de autor, que continuam podendo ser defendidos pelos sucessores ou pelo Estado, no caso da defesa da integridade e da autoria da obra (art. 27, § 2º). Isso significa que uma instituição de memória poderia digitalizar e disponibilizar online uma obra cujo prazo de proteção já decorreu, sem precisar, para isso, pedir autorização a ninguém.

Uma das mais polêmicas questões envolvendo o direito e os acervos digitais, no entanto, é a da criação de camadas adicionais de direitos por meio da digitalização. Um exemplo bastante claro é o da obra de arte 2D: se um fotógrafo profissional é responsável por fazer a reprodução exata da obra para que a imagem digital venha a ser utilizada posteriormente, ele é titular de direito autoral sobre essa imagem?

A questão é difícil de ser respondida, porque a resposta não decorre da lei diretamente. Entende-se, em geral, que o objeto de proteção do direito autoral é a obra intelectual *original*, ou seja, que tem um grau de originalidade. Essa exigência não está explícita em nossa lei, mas é consensual na doutrina e decorre da jurisprudência. O que a LDA determina é: "Art. 7º. São obras intelectuais protegidas as criações do espírito, expressas por qualquer meio ou fixadas em qualquer suporte, tangível ou intangível, conhecido ou que se invente no futuro, tais como: [exemplos]".

Em um estudo recente sobre as camadas de direitos que se adicionam (ou não) aos processos de digitalização, Thomas Margoni, da Universidade de Amsterdã, analisou a situação do ponto de vista dos países da União Europeia (Margoni, 2015). Ele estabeleceu uma diferenciação entre três processos de digitalização: o *automatizado*, que se dá quando há ao menos relativa ausência de intervenção humana (como o Google Books, escaneando automaticamente livros de uma coleção inteira); o *semiautomatizado*, realizado por um operador humano escaneando, por exemplo, coleções para fins de inventário ou classificação; e o *humano*, que consiste na reprodução feita por profissionais que criam condições de iluminação para fazer imagens em alta resolução, em geral para posterior disponibilização. Nessa escala, buscou diferenciar o que seriam meras reproduções do que seriam contribuições originais.

Seus resultados, de forma geral, indicaram que, nos países-membros da União Europeia, a fotografia de obras em 3D tem mais probabilidade de ser considerada original, pelas escolhas que envolvem a passagem do objeto 3D para uma reprodução em 2D. No caso de digitalização de obras 2D (texto ou imagem), seja via fotografia, seja via escâneres, é mais difícil que a imagem resultante seja considerada uma obra original, pelo reduzido espaço para escolhas criativas. Assim, no caso das digitalizações *automatizadas* (dificilmente concebíveis para objetos 3D), a proteção estaria excluída; no caso das digitalizações *humanas*, uma avaliação da existência de trabalho criativo original seria necessária e aplicável, em geral, somente a obras 3D; o caso das digitalizações *semiautomatizadas* seria um caso limite, mas dificilmente seria aplicada a proteção autoral.

Falta ainda um aprofundamento doutrinário ou jurisprudencial sobre esse assunto no Brasil. Ele existe, atualmente, como polêmica. Ela se expressa em queixas das instituições, quando não operaram licenciamento das fotografias que contrataram e precisam negociar com os fotógrafos sempre que desejam utilizar as imagens; de outro lado, no fato de que muitas instituições de memória alegam que gostariam de ser detentoras dessa camada de direitos, dado que isso pode significar uma fonte de recursos que compense os gastos com a digitalização – elas podem cobrar pelo uso das imagens com base em direito autoral. Direitos sobre imagens digitais, ainda que elas sejam de domínio público, poderiam também dar-lhes controle sobre usos e sobre a identificação de que aquela obra pertence àquele acervo, por exemplo (com a ressalva de que, no Brasil, somente pessoas físicas são autoras – a instituição poderia ser detentora dos direitos patrimoniais se houvesse operado uma cessão de direitos).[26] Esse entendimento acaba por ser uma barreira para a livre fruição do domínio público.

---

[26] Apresentamos uma discussão sobre a pertinência dessa preocupação anteriormente, quando comentamos o caso do Rijksmuseum.

O que torna a situação mais complicada é que setores do poder público têm por vezes se posicionado em favor da criação dessas camadas de direito ainda não decorrentes do direito autoral. Como mais claro exemplo, no dia 15 de abril de 2013 o Instituto Brasileiro de Museus (Ibram/MinC), órgão do Ministério da Cultura, promulgou a Instrução Normativa nº 1/2013, que

> disciplina o requerimento e emissão de autorização de uso de imagem e de reprodução dos bens culturais e documentos que constituem o acervo das unidades museológicas do Instituto Brasileiro de Museus (Ibram/MinC) – com vistas à segurança jurídica e à promoção das instituições [Ibram, 2013].

A instrução normativa (IN) aplica-se às unidades do Ibram, que são atualmente 29,[27] e regula a relação dessas instituições com os interessados em obter autorização para reprodução de imagens das obras de seus acervos. A ideia, de acordo com os *considerandos* da instrução, é promover as instituições em si e a segurança jurídica dentro delas. A iniciativa é notável, dado que uniformiza os procedimentos em todas as instituições museológicas do Ibram e, melhor, contém modelos de autorização a serem utilizados em todos os casos (obras protegidas ou não), o que tem o potencial de agilizar todo o processo

---

[27] São eles: Museu da Abolição (Recife, PE); Museu de Arqueologia/Socioambiental de Itaipu (Niterói, RJ); Museu de Arte Religiosa e Tradicional (Cabo Frio, RJ); Museu de Arte Sacra da Boa Morte (Goiás, GO); Museu de Arte Sacra de Paraty (Paraty, RJ); Museu das Bandeiras (Goiás, GO); Museu Casa de Benjamin Constant (Rio de Janeiro, RJ); Museu Casa da Hera (Vassouras, RJ); Museu Casa Histórica de Alcântara (Alcântara, MA); Museu Casa da Princesa – Casa Setecentista (Pilar de Goiás, GO); Museus Castro Maya: Chácara do Céu e Museu do Açude (Rio de Janeiro, RJ); Museu do Diamante (Diamantina, MG); Museu Forte Defensor Perpétuo (Paraty, RJ); Museu Histórico Nacional (Rio de Janeiro, RJ); Museu Imperial (Petrópolis, RJ); Museu da Inconfidência (Ouro Preto, MG); Museu Lasar Segall (São Paulo, SP); Museu das Missões (São Miguel das Missões, RS); Museu Nacional de Belas Artes (Rio de Janeiro, RJ); Museu do Ouro/Casa de Borba Gato (Sabará, MG); Museu Regional de Caeté (MG); Museu Regional Casa dos Ottoni (Serro, MG); Museu Regional de São João del-Rei (MG); Museu da República (Rio de Janeiro, RJ); Museu Solar Monjardim (Vitória, ES); Museu Victor Meirelles (Florianópolis, SC); Museu Villa-Lobos (Rio de Janeiro, RJ); Palácio Rio Negro (Petrópolis, RJ). Lista disponível em: <www.museus.gov.br/os-museus/museus-ibram/>. Acesso em: 17 abr. 2015.

e trazer segurança aos profissionais das instituições. Por outro lado, a IN levantou polêmicas ao criar uma série de exigências para o uso de imagens digitais.

A IN estabelece que a autorização para reprodução de toda e qualquer obra do acervo das unidades museológicas deve ser concedida pelo seu diretor (art. 4º, II, "a") – independentemente da situação de proteção de direitos. Sem essa regra, uma imagem reproduzida de obra em domínio público encontrada na internet, por exemplo, pode ser usada livremente. A IN não é exatamente clara, mas parece estar querendo estabelecer que qualquer reprodução de obra que esteja nos acervos dessas instituições museológicas deva ser autorizada pelo diretor da instituição. O que há a se criticar é que o acesso ao domínio público torna-se, com isso, burocratizado, e o domínio público perde sua própria finalidade, que está ligada à existência de um caldo cultural que possa ser livremente utilizado.

A IN foi além na restrição do uso de imagens da obra em domínio público. Ela estabeleceu requisitos gerais para a reprodução da imagem: é proibida a manipulação ou transformação das imagens, *salvo autorização expressa da autoridade competente* (art. 5º, I). Também aí é bastante criticável: se a instituição não é a detentora dos direitos patrimoniais sobre a obra, não deveria ser ela a autorizar os usos transformativos; de outro lado, se a obra está em domínio público, ninguém deveria deter a competência para autorizar esses usos, que são livres, de acordo com a LDA. A IN segue na regulamentação do uso das obras das unidades do Ibram, ainda sem diferenciar quanto à situação de direitos, ou seja, traz uma série de novas regras também para a fruição das obras em domínio público. Assim, fica proibida a venda da imagem a particulares ou empresas que comercializam imagens (art. 5º, III), a inserção em bancos de dados (art. 5º, IV) e torna-se obrigatória a inserção de créditos adicionais (art. 7º):

{*Nome da unidade museológica*, Ibram/Minc,
número/ano da autorização}

Além da criação de um direito relativo à instituição, a IN criou direitos relativos ao proprietário da obra em comodato (de propriedade de outra pessoa física ou jurídica, mas armazenada pelo museu em questão). Para qualquer uso da obra, seu proprietário tem de ser consultado e autorizar – o procedimento é feito pela própria unidade museológica. Para evitar a necessidade de autorização caso a caso, o próprio termo que regula o comodato pode já conter uma autorização geral que isenta a instituição de ter de consultar o comodante a cada ocorrência.

Além de estabelecer uma dificuldade a mais na reprodução das obras, a medida parece contrariar a lógica do direito autoral, que separa suporte físico e a obra em si (que não se esgota no suporte físico). Pelo direito autoral, a autorização do proprietário do suporte físico seria a rigor desnecessária. Sabemos que há um elemento diplomático a ser considerado: as instituições costumam manter boas relações com os comodantes e adotam a prática de avisá-los quando a obra de que são proprietários vai ser reproduzida em outros materiais ou, ainda, pedir autorização para tal. Transformar essa prática, no entanto, em obrigação jurídica, é estabelecer uma camada adicional de direitos a dificultar o processo tanto para a instituição quanto para aquele que quer reproduzir a obra em questão.

Ainda, adiante, a IN estabeleceu uma permissão geral (que cada museu pode afastar) de captação das imagens dentro do espaço físico da instituição ("em flagrantes de eventos ou em atividade de natureza eminentemente jornalística"), desde que para uso privado. Fazendo isso, a IN amplia, talvez interpretativamente, a abrangência das limitações e exceções ao direito autoral previstas no art. 46 da LDA – em que não há uma autorização geral direcionada a usos privados. Fica proibida a associação dessas imagens com patrocínios, propagandas ou usos comerciais. Ou seja, para esses usos, será necessário um licenciamento específico.

Quadro 1 | Resumo da IN nº 1/2013 (Ibram/MinC)

Tipo de obra	Que autorizações a IN requer para reprodução?	Que usos a IN proíbe?	Que outras condições a IN estabelece?
Obra protegida por direito de autor	1) Autorização do detentor dos direitos (art. 2º, § 2º). 2) Autorização da instituição museológica (art. 1º; art. 4º, II, "a"). 3) No caso de obra em comodato: autorização do comodante (art. 2º, § 3º).	1) No caso de imagens captadas pelos visitantes, sua associação a patrocínio, propaganda ou promoção comercial (art. 2º, § 7º). 2) Usos transformativos, salvo "autorização expressa da autoridade competente" (art. 5º, I). 3) Publicação em baixa resolução, a não ser na internet/produção multimídia (art. 5º, II). 4) Venda para empresas que comercializam imagens ou inserção em banco de imagens (art. 5º, III e IV).	1) Créditos adicionais: {Nome da unidade museológica, Ibram/MinC, número/ano da autorização} (art. 7º, parágrafo único). 2) Pagamento, no caso de utilização do espaço interno ou externo da instituição para a captação das imagens, e do uso ser comercial (art. 8º). Para a exploração da imagem em si, pode ou não haver cobrança (art. 9º).
Obra em domínio público	1) Autorização da instituição museológica (art. 1º; art. 4º, II, "a"). 2) No caso de obra em comodato: autorização do comodante (art. 2º, § 3º).	Idem acima.	Idem acima.

Um ponto final a ser criticado na IN nº 1/2013 do Ibram é a baixa adequação das medidas propostas com os usos na internet, ou pouca atenção dada a esses usos. Isso fica evidente, por exemplo, nas definições da IN, no art. 4º. O inciso VII define o que seria uso privado, que, de acordo com a instrução, pode ser feito das imagens captadas no espaço da instituição museológica, da seguinte maneira:

> VII – Uso privado: o uso de imagem da unidade museológica do Ibram ou a reprodução do seu acervo, em um só exemplar, captada por visitantes nas próprias unidades museológicas, desde que feita sem fins de comercialização.

A expressão "em um só exemplar", embora ainda apareça em diversos dispositivos da Lei de Direitos Autorais, remete exclusivamente a usos físicos, já que faz pouco ou nenhum sentido, a depender do caso, falar em "exemplar" para materiais digitais. A definição exclui também o que é de antemão o uso privado mais provável e comum dos visitantes de instituições culturais hoje, que são as redes sociais.

Ainda sobre o domínio público, este livro traz um texto da argentina Evelin Heidel ("El dominio público: un problema teórico, una propuesta política, una herramienta metodológica"), sobre seu papel na cultura, com propostas de ferramentas para que o domínio público seja um espaço de garantia de direitos humanos.

Outras questões jurídicas relevantes

Não é só quanto a direito autoral que o direito é um fator de angústia para as instituições de guarda de acervos. Um dos campos mais discutidos é o do direito de imagem – arquivos, em especial, relatam insegurança quanto ao que fazer com fotografias de valor histórico, com relação às quais não têm autorização dos retratados para divulgação. No caso de arquivos pessoais, o direito de personalidade surge como uma constante: correspondências guardam assuntos privados, que os arquivos por vezes julgam tratar-se de interesse público. Quanto a um mesmo arquivo, podem existir diferentes níveis de acesso, de acordo com a vontade dos familiares, sobre a divulgação de uns e outros fatos.

O acesso aberto

Nossa percepção é que a discussão sobre o acesso aberto está colocada de forma muito mais estabelecida no âmbito das bibliotecas, que lidam com materiais produzidos pela comunidade acadêmica, na qual o debate está posto, ainda que incipiente. Também nesse debate falta aprofundamento no Brasil: as agências de fomento ainda estão muito tímidas na imposição de padrões de acesso aberto quanto a materiais financiados com recursos públicos (ou não); há uma confusão geral entre o que é aberto e o que é grátis. Assim como ocorre no mundo todo, o fator de impacto e outras métricas e sistemas de avaliação da produtividade acadêmica de instituições como Capes e CNPq direcionam ou não incentivo a publicações em periódicos de acesso fechado. Quanto às licenças livres, relata-se, em todas as modalidades de instituições de memórias, um expressivo desconhecimento sobre suas funções ou como utilizá-las.

Encaminhamentos práticos

Dos workshops surgiram, também, sugestões trazidas pela experiência setorial sobre como endereçar algumas das questões aqui colocadas. Do ponto de vista institucional, é a importância de elaborar políticas que atendam também ao interesse das instituições quanto ao que poderá ser feito com as obras de um acervo. Torna-se essencial resolver a questão do licenciamento no momento da aquisição dos acervos.

Nessa esteira, profissionais apontam também para que o emaranhado de problemas de licenciamento pode ser tão grande que se torne paralisante. Uma boa prática seria um foco em cuidar, de imediato, do presente para o futuro, ou seja, resolver imediatamente o que fazer com o que entra nos acervos no momento presente, e cuidar do passado então paulatinamente, diminuindo-se assim o passivo futuro. Outra prática sugerida é, de início, resolver os problemas jurídicos dos acervos menos complexos e partir, então, para os demais.

Do ponto de vista técnico, ressalta-se a importância de inserir os dados de licenciamento nos metadados dos arquivos digitais, de forma que arquivos caminhem pela rede (interna e externa à instituição) sem que as informações sobre direitos sejam perdidas. Preocupar-se com a possibilidade de o usuário interagir, consultar e submeter facilmente pedidos de licenciamento é outro ponto.

Por fim, se existe a preocupação de que as discussões de acesso fiquem excessivamente restritas a discussões legais, ressalta-se a necessidade de que as discussões sobre direitos não fiquem restritas aos círculos legais, que sejam organizados grupos de trabalho sobre direitos autorais nas redes de colaboração em torno de acervos, e que sejam produzidos materiais e cursos online sobre o assunto, com direcionamento a instituições de memória (como é o caso do ABC del Derecho de Autor para Bibliotecarios de América Latina). Também se reforçou a necessidade de realização de pesquisas sobre o acesso aberto e o incentivo que é dado (ou não) a ele.

O OpenGLAM

De todas essas considerações, vale apresentar uma articulação global que tem se organizado sob o acrônimo OpenGLAM – GLAM referindo-se a *galleries, libraries, archives and museums*. A iniciativa é coordenada pela Open Knowledge Foundation e seu objetivo principal é dar suporte a instituições que desejem "abrir" seus conteúdos e dados. A rede organiza workshops, materiais de referência, e seu grupo de trabalho mantém reuniões mensais de discussão.

O Open do acrônimo diz respeito a conteúdos ou dados que possam ser livremente usados, reutilizados, e redistribuídos.[28] Nessa toada, as pessoas e instituições organizadas em torno do OpenGLAM advogam pelos seguintes princípios:

1) Liberar informação digital sobre os artefatos (metadados) no domínio público usando um instrumento legal apropriado como a CC0 (licença Creative Commons Zero).[29]
2) Cópias digitais e representações de obras sobre as quais o direito autoral expirou (obras em domínio público) devem ser marcadas explicitamente, usando-se um instrumento legal apropriado como a Marca de Domínio Público do Creative Commons.
3) Publicar dados com uma declaração explícita e robusta de seus desejos e expectativas em relação ao reúso e à criação de novas funcionali-

---

[28] Disponível em: <http://opendefinition.org/>. Acesso em: 10 jun. 2016.
[29] A finalidade é promover o reúso e a descoberta máximos dos metadados, aqui entendidos como informações sobre a obra ou objeto em questão, incluindo material educativo.

dades a partir das descrições, da coleção de dados como um todo, e de partes da coleção.
4) Ao publicar dados, utilizar formatos abertos de arquivo, que sejam legíveis por máquina.
5) Oportunidades para engajar audiências de novas formas devem ser buscadas.[30]

A ideia é que as informações não sejam somente disponibilizadas, mas que as instituições busquem criar interesse e participação do público de formas renovadas.

Em muitos aspectos semelhante à Carta do Recife da Rede Memorial, o conjunto de princípios do movimento OpenGLAM oferece um direcionamento interessante, desenvolvido a partir da experiência compartilhada de instituições, e um olhar para o futuro das políticas de digitalização de acervos no Brasil.

Referências

BALBI, F. M.; ZENDRON, P.; SILVA, G. M. O setor de acervos memoriais brasileiros e os dez anos de atuação do BNDES: uma avaliação a partir da metodologia do Quadro Lógico. *Revista do BNDES*, v. 41, p. 7-67, jun. 2014. Disponível em: <https://web.bndes.gov.br/bib/jspui/bitstream/1408/1921/1/RB41_final_A_P_BD.pdf>. Acesso em: 6 jun. 2015.

CREWS, K. *Study on copyright limitations and exceptions for libraries and archives*. [S.l.]: WIPO, 26 ago. 2008.

GOMI, E. S.; KEPLER, F. N. *Plataforma Corisco*: o projeto e as lições aprendidas. In: CONFERENCE ON TECHNOLOGY, CULTURE AND MEMORY (CTCM), 2011, Recife. *Anais eletrônicos...* Disponível em: <www.slideshare.net/lucianaassimao/18-plat-corisco.pdf>. Acesso em: 10 jun. 2016.

INSTITUTO BRASILEIRO DE MUSEUS (IBRAM). *Digitalização do acervo do museu imperial*. Brasília: Ibram, 2011. Disponível em: <www.museuimperial.gov.br/dami/>. Acesso em: 17 abr. 2015.

---

[30] Mais detalhes e exemplos em: <http://openglam.org/principles/>. Acesso em: 10 jun. 2016.

_____. *IN disciplina uso de imagem e reprodução de acervos de museus Ibram.* Brasília: Ibram, 2013. Disponível em: <www.museus.gov.br/ibram-publica-in-sobre-uso-de-imagem-e-reproducao-de-acervo-de-seus-museus/>. Acesso em: 16 abr. 2015.

_____. *Museu Imperial digitaliza mais duas coleções de seu acervo.* Brasília: Ibram, 2014. Disponível em: <www.museus.gov.br/museu-imperial-digitaliza-mais-duas-colecoes-de-seu-acervo/>. Acesso em: 7 jun. 2015.

JISC. *In from the Cold*: an assessment of the scope of "Orphan Works" and its impact on the delivery of services to the public. [S.l.]: JISC, 2009. Disponível em: <http://sca.jiscinvolve.org/wp/files/2009/06/sca_colltrust_orphan_works_v1-final.pdf>. Acesso em: 7 jun. 2015.

LOVE, J. US Copyright office proposes limits on damages, injunctions, for orphan works, contradicting TPP language. *Keionline.org*, [S.l.: s.n.], 2015. Disponível em: <http://keionline.org/node/2240>. Acesso em: 7 jun. 2015.

MARGONI, T. *The digitisation of cultural heritage*: originality, derivative works and (non) original photographs. [S.l: s.n.], 2015. Disponível em: <http://outofcopyright.eu/wp-content/uploads/2015/03/digitisation_cultural_heritage-thomas-margoni.pdf>. Acesso em: 7 jun. 2015.

MINISTÉRIO DA CULTURA. *Plano Nacional de Cultura*: diretrizes gerais. Brasília: Ministério da Cultura, 2008. Disponível em: <www2.cultura.gov.br/site/wp-content/uploads/2008/10/pnc_2_compacto.pdf>. Acesso em: 5 jun. 2015.

_____. *Plano Nacional Setorial de Museus, 2010-2020*. Brasília: Ministério da Cultura, 2010. Disponível em: <www.museus.gov.br/wp-content/uploads/2012/03/PSNM-Versao-Web.pdf>. Acesso em: 5 jun. 2015.

_____. *As metas do Plano Nacional de Cultura*. 3. ed. Brasília: Ministério da Cultura, 2013. Disponível em: <http://issuu.com/planonacionaldecultura/docs/as_metas_do_plano_nacional_de_cultu>. Acesso em: 5 jun. 2015.

_____. *Caderno Metodológico de Revisão do PNSM*: material de apoio aos grupos de trabalho. Brasília: Ministério da Cultura, 2014. Disponível em: <http://fnm.museus.gov.br/wp-content/uploads/2012/10/CadernoPNSM_6FNM_Web.pdf>. Acesso em: 5 jun. 2015.

PEKEL, J. *Democratising the Rijksmuseum*. [S.l.]: Europeana Foundation, 2014. Disponível em: <http://pro.europeana.eu/files/Europeana_Professional/

Publications/Democratising%20the%20Rijksmuseum.pdf>. Acesso em: 5 jun. 2015.

SHAHEED, F. *Copyright policy and the right to science and culture*. Report of the Special Rapporteur in the field of cultural rights, A/HRC/28/57. [S.l.]: United Nations Human Rights Council, 24 dez. 2014.

THE SCIENCE AND TECHNOLOGY COUNCIL. *O dilema digital*: questões estratégicas na guarda e no acesso a materiais cinematográficos digitais. [S.l.]: Cinemateca Brasileira, 2009.

U.S. COPYRIGHT OFFICE. *Orphan works and mass digitization*: a report of the register of copyrights. [S.l.]: U.S. Copyright Office, 2015. Disponível em: <http://keionline.org/sites/default/files/orphan-works-CO-2015.pdf>. Acesso em: 7 jun. 2015.

VARELLA, G. *Plano Nacional de Cultura*: direitos e políticas culturais no Brasil. Rio de Janeiro: Azougue, 2014.

1

Financiamento de acervos no Brasil

*João Dias Turchi**
*Nichollas de Miranda Alem***

Os acervos são a parte invisível de diversas instituições, como museus e bibliotecas. Armazenados em reservas técnicas e estantes, representam a memória documental e artística da entidade e, numa visão ampliada, o patrimônio cultural de grupos sociais. Por isso, ultrapassam o passado e se colocam como relevância historiográfica para o futuro. Sua conservação e democratização são fundamentais para que essa importante fonte de expressão de uma identidade possa ser consultada pelo público. Isso porque é por meio dos acervos que, além de preservados, são construídos sistemas de referências que permitem a análise e compreensão do momento contemporâneo, sempre em transformação (Benchetrit, 2008).

A Constituição Federal de 1988, em seu art. 216, § 1º, impôs ao poder público a responsabilidade, com a colaboração da comunidade, pela promoção e proteção do patrimônio cultural brasileiro, por meio de inventários, registros, vigilância, tombamento, desapropriação e outras formas de acautelamento e preservação. Em 2010, com a Lei nº 12.343, foi instituído o Plano Nacional de Cultura (PNC).

---

* Advogado, mestrando em artes cênicas pela Universidade de São Paulo (USP) e coordenador jurídico e de projetos culturais do Museu de Arte Moderna de São Paulo.
** Advogado na área de direito do entretenimento. Mestrando em direito econômico pela Universidade de São Paulo (USP). Vice-presidente do Instituto de Direito, Economia Criativa e Artes (Idea). Membro da Associação Brasileira de Propriedade Intelectual (ABPI).

O documento, além de representar o marco normativo de políticas culturais no Brasil, trouxe diversas disposições referentes à preservação do patrimônio.

O PNC elencou, entre seus objetivos basilares, a proteção e promoção do patrimônio histórico e artístico, material e imaterial, bem como direito à memória por meio dos museus, arquivos e coleções (art. 2º, II e IV). Nesse sentido, reforçou a previsão de competência do poder público na garantia da

> preservação do patrimônio cultural brasileiro, resguardando os bens de natureza material e imaterial, os documentos históricos, acervos e coleções, as formações urbanas e rurais, as línguas e cosmologias indígenas, os sítios arqueológicos pré-históricos e as obras de arte, tomados individualmente ou em conjunto, portadores de referência aos valores, identidades, ações e memórias dos diferentes grupos formadores da sociedade brasileira [art. 3º, VI].

O anexo do plano, por sua vez, traz uma série de diretrizes, estratégias e ações voltadas à persecução desse objetivo, que vão do mapeamento de novos acervos ao estabelecimento de um sistema nacional de documentação, preservação, restauração, pesquisa, formação, aquisição e difusão. Nesse contexto, algumas das 53 metas aprovadas pelo Conselho Nacional de Políticas Culturais (CNPC) para o plano envolvem diretamente a temática dos acervos. São elas:

> Meta 29: 100% de bibliotecas públicas, museus, cinemas, teatros, arquivos públicos e centros culturais atendendo aos requisitos legais de acessibilidade e desenvolvendo ações de promoção da fruição cultural por parte das pessoas com deficiência.
> [...]
> Meta 32: 100% dos municípios brasileiros com ao menos uma biblioteca pública em funcionamento.
> [...]
> Meta 34: 50% de bibliotecas públicas e museus modernizados.

[...]
Meta 40: Disponibilização na Internet dos conteúdos que estejam em domínio público ou licenciados.

Meta 41: 100% de bibliotecas públicas e 70% de museus e arquivos disponibilizando informações sobre seu acervo no SNIIC [MinC, 2010].

Atualmente, um dos grandes desafios para a preservação, promoção e expansão de acervos diz respeito ao financiamento dessas atividades (Camargo, 2010). Neste capítulo, trataremos do uso de leis de incentivo fiscal e das linhas de apoio do Banco Nacional de Desenvolvimento Econômico e Social (BNDES), que, desde 1997, quando começou a atuar na preservação do patrimônio cultural brasileiro, incentivou mais de 320 projetos, totalizando um aporte de R$ 433,5 milhões. Verificaremos como tais instrumentos auxiliam na realização das metas do Plano Nacional de Cultura. Para dar maior concretude ao assunto, traremos também um estudo de caso.

Financiamento via leis de incentivo fiscal

O mecenato é uma maneira de incentivo cultural que promove a cooperação entre iniciativa pública e privada: o Estado renuncia à parte do imposto de renda que lhe seria devido, dando ao particular a prerrogativa de investir esse valor em atividades artísticas. A prerrogativa de alocação de recursos públicos é do Estado. Porém, como incentivador, o ente público pode se utilizar do chamado "incentivo fiscal", pelo qual o governo renuncia total ou parcialmente às receitas tributárias (Olivieri, 2004).

No estado de São Paulo, existe o Programa de Ação Cultural (Proac), criado pela Lei nº 12.268/2006, que institui uma série de segmentos culturais cujos projetos podem ser aprovados junto à Secretaria de Cultura do Estado de São Paulo. Entre os segmentos abarcados pela lei, cabe citar: (1) artes plásticas, visuais e design; (2) bibliotecas, arquivos e centros culturais; (3) patrimônio histórico e artístico;

(4) pesquisa e documentação; (5) projetos especiais – primeiras obras, experimentações, pesquisas, publicações, cursos, viagens, resgate de modos tradicionais de produção, desenvolvimento de novas tecnologias para as artes e para a cultura e preservação da diversidade cultural; (6) restauração e conservação de bens protegidos por órgão oficial de preservação. Após aprovação do projeto pela Secretaria de Cultura, é possível ao contribuinte destinar parte do ICMS a ser recolhido para o apoio financeiro da proposta artística.

Em âmbito federal, foi instituído o Programa Nacional de Apoio à Cultura pela Lei nº 8.313/1991, também conhecida como Lei Rouanet, que possibilita às pessoas físicas ou jurídicas a opção pela aplicação, a título de doações ou patrocínios, de parcelas do imposto sobre a renda devido em projetos previamente aprovados pela Comissão Nacional de Incentivo à Cultura (CNIC), órgão do Ministério da Cultura.

Visando aumentar o número de incentivadores, modificou-se a previsão legal da Lei Rouanet, com a Lei nº 9.874/1999, voltada à indicação de determinados segmentos artísticos para os quais seria possível um abatimento integral do imposto destinado. Entre esses segmentos, estão indicados os seguintes itens ligados aos acervos: (1) doações de acervos para bibliotecas públicas, museus, arquivos públicos e cinematecas, bem como treinamento de pessoal e aquisição de equipamentos para a manutenção desses acervos; (2) preservação do patrimônio cultural material e imaterial.

O argumento para essa alteração é a existência de áreas para as quais a captação é mais difícil, por serem menos interessantes à iniciativa privada e, portanto, o abatimento integral funcionaria como um estímulo para o aporte de recursos.

Nesse processo, cria-se o chamado "marketing cultural". Os patrocínios pela iniciativa privada costumam partir da premissa de que, assim como as ações de responsabilidade social, investir em cultura pode trazer um valor agregado à marca, o que contribui na construção de sua imagem publicamente. Sendo o patrocínio realizado com tal propósito, as empresas esperam um retorno em termos de divulgação e circulação do seu nome como patrocinadoras quando escolhem alocar recursos em determinado projeto cultural. É, inclusive, extremamente comum que possuam uma área interna voltada exclusivamente para a análise de projetos, de modo que sejam incentivados aqueles que mais dialogam com seu público-alvo. Exige-se, assim, que os projetos culturais possuam uma preocupação comercial ou de grande visibilidade, que sejam atraentes para as empresas e apresentem contrapartidas que lhes sejam vantajosas.

Nesse sentido, os projetos que costumam ser escolhidos são produções com grande veiculação midiática ou que atinjam um público amplo ou segmentado. No campo da cultura, a produção cultural acaba sendo o alvo principal dos incentivos. Mais do que a proteção do patrimônio, o financiamento, a promoção e a difusão da cultura são objetivados pelas leis de incentivo. Projetos com menor apelo comercial acabam relegados a segundo plano. Por essa ótica, apoiar projetos de restauro e digitalização de acervo não é tão interessante quanto financiar uma grande exposição, ainda que de obras de museus estrangeiros. O acervo, essa parte "invisível" do museu, sofre sérias dificuldades de captação.

Portanto, políticas de incentivos fiscais têm limitações inerentes ao seu próprio modelo de financiamento, de maneira que não é possível resumir toda a política cultural do poder público a esse tipo de instrumento. O mecanismo é mais eficaz para criar as condições econômicas para a produção cultural. No caso da preservação e promoção de acervos, serão necessárias outras medidas que conjuguem o elemento financeiro com os objetivos constitucionais e do Plano Nacional de Cultura.

Financiamento e apoio do BNDES

O Banco Nacional de Desenvolvimento Econômico e Social (BNDES) é uma empresa pública federal criada em 1952 para atuar como instrumento de financiamento de longo prazo do governo para os mais diversos setores da economia. Apesar de seu protagonismo e importância na promoção do desenvolvimento econômico do país, o apoio à cultura só começou a partir de 1995, com a utilização dos mecanismos de dedução fiscal previstos na Lei Rouanet e Lei do Audiovisual. Em 2006, o BNDES decidiu incorporar a economia da cultura como um eixo estratégico de atuação, merecedor de linhas de apoio que suprissem suas demandas específicas.[1]

A partir de 2004, por meio do primeiro edital do Programa de Preservação de Acervos, o BNDES passou a atuar sistematicamente no apoio à preservação de acervos. Desde então, foram investidos cerca de R$ 48 milhões, referentes a 136 projetos:

> Nas primeiras quatro edições (2004, 2005, 2006 e 2008), a estratégia de atuação do BNDES restringia-se às ações focadas em determinado acervo ou coleção, buscando mais diretamente a sua preservação. [...] A partir de 2010, o banco identificou a necessidade de ampliar as possibilidades de atuação e oferecer apoio a projetos de maior complexidade e valor [Balbi, Zendron e Marcelino, 2014:26].

Atualmente, o apoio a projetos envolvendo acervos museológicos pode se dar de duas maneiras: por meio de recursos reembolsáveis ou não reembolsáveis.

No primeiro caso, a instituição disponibiliza o Programa BNDES para o Desenvolvimento da Economia da Cultura (BNDES Procult). Essa linha tem como um de seus principais objetivos a preservação da memória e do patrimônio cultural nacional tangível e intangível, promovendo sua valorização e a dinamização das economias locais.

---

[1] "Dentre as maiores riquezas do Brasil estão, sem dúvida, suas várias formas de expressão cultural. A diversidade cultural do País é um grande ativo a ser empregado em prol do seu desenvolvimento socioeconômico sustentável. A economia da cultura é um setor estratégico e dinâmico, tanto pelo ponto de vista econômico como sob o aspecto social. Suas diversas atividades geram trabalho, emprego, renda e são capazes de propiciar oportunidades de inclusão social, em particular para jovens e minorias, devido à sua característica intrínseca de atuar com a diversidade. [...] A missão do BNDES, portanto, é a de estimular e contribuir para o desenvolvimento das empresas criativas e dos agentes criadores, ampliar e dar mais eficiência ao mercado de bens e serviços culturais, com sustentabilidade econômica e ganhos sociais. Para tanto, o BNDES oferece ao setor cultural um diversificado conjunto de instrumentos de apoio, com financiamento e recursos não reembolsáveis" (Banco Nacional de Desenvolvimento. *O BNDES e a economia da cultura*. Disponível em: <www.bndes.gov.br/SiteBNDES/bndes/bndes_pt/Areas_de_Atuacao/Cultura/>. Acesso em: 6 mar. 2015).

Entre os empreendimentos apoiáveis está, justamente, a restauração, preservação e digitalização de acervos bibliográficos, arquivísticos e museológicos.

O Procult pode ser requisitado por empresas, com sede e administração no Brasil, atuantes no campo da economia da cultura. O pedido é feito diretamente ao BNDES, em operações envolvendo no mínimo R$ 1 milhão, ou por intermediação de instituições financeiras credenciadas.

No caso de apoio a acervos, o custo do financiamento é composto pela taxa de juros de longo prazo (TJLP), pela remuneração do BNDES, pela taxa de risco de crédito e pelas taxas de intermediação e remuneração da instituição financeira, quando esta atuar. Dessa forma, o aporte realizado pelo BNDES acaba sendo devolvido e remunerado pela empresa ao longo da amortização do financiamento. Em outras palavras, o projeto financiado precisará demonstrar sua viabilidade econômico-financeira para ser aprovado. Não obstante, vale mencionar que, se o projeto for considerado inovador, ou seja, se se destinar a desenvolver ou implementar conteúdos em novas plataformas, de caráter digital, interativo, multiplataforma ou transmídia que não se resuma à mera digitalização de acervo, as condições do financiamento tornam-se mais vantajosas, com isenção de taxas e aumento da participação do BNDES nos itens financiáveis.

O prazo para pagamento é de até 10 anos, incluindo o período de carência. Nas operações realizadas diretamente com o BNDES, exige-se a fiança dos sócios controladores e a prestação de garantia real – que pode ser dispensada em financiamentos de até R$ 10 milhões. Se a operação for realizada por meio de instituições financeiras, a garantia é negociada com a própria intermediária.

Apesar de as condições do Procult serem mais vantajosas que as de financiamentos convencionais, sabe-se que o perfil dos museus e acervos no Brasil torna inviável o acesso a tais recursos – seja pelo fluxo de receita ou porque, em sua maioria, não estão constituídos na forma empresarial. Por isso, habitualmente, utilizam-se as linhas não reembolsáveis.

O BNDES apoia projetos de promoção, preservação e revitalização do patrimônio cultural brasileiro, priorizando aquelas iniciativas voltadas à promoção do desenvolvimento local. Nesse ínterim, estão compreendidos os patrimônios históricos, artísticos, arquitetônicos, arqueológicos, geológicos e paleontológicos do país.

Os recursos se destinam a quatro tipos de projetos: integrados à revitalização de cidades históricas, centros históricos ou outros perímetros selecionados pelo BNDES; preservação de monumentos tombados individualmente pelo Instituto do Patrimônio Histórico e Artístico Nacional (Iphan); restauro e adaptação de monumentos e outras edificações destinadas primordialmente a abrigar instituições de alta relevância cultural ou histórica; ou recuperação e melhoria da infraestrutura de sítios considerados patrimônio arqueológico, geológico ou paleontológico nacional e tombados pelo Iphan e/ou considerados patrimônio mundial pela Organização das Nações Unidas para a Educação, a Ciência e a Cultura (Unesco). Estarão contemplados no aporte todos os itens necessários à execução dos projetos, inclusive obras civis e investimentos que se destinem à melhoria das condições de conservação e de guarda de acervos.

Esse patrimônio cultural deve ser de propriedade de pessoas jurídicas de direito público interno ou de direito privado, sem fins lucrativos, desde que permitam a visitação pública, gratuita ou não. O proponente do projeto também deverá ser pessoa jurídica de direito público interno ou de direito privado, sem fins lucrativos, e não poderá se encontrar em situação de inadimplência junto ao BNDES ou órgãos da administração.

Já foram objeto de apoio do BNDES nessa modalidade, entre tantos outros patrimônios importantes: o Museu de Artes e Ofício de Belo Horizonte (R$ 4,4 milhões), o Museu Casa de JK em Diamantina (R$ 130 mil), o Museu de Arqueologia e Etnologia da Universidade Federal do Paraná (R$ 764,8 mil); o Museu do Rio São Francisco em Penedo (R$ 1,58 milhão); a Biblioteca do Itamaraty (R$ 854,7 mil), o Museu Nacional de Belas Artes (R$ 1 milhão), a Biblioteca Nacional (R$ 500 mil), o Museu do Índio de Cara Nova (R$ 675 mil), o Museu do Meio

Ambiente (R$ 1,8 milhão) e o Museu Histórico Nacional (R$ 1,6 milhão) – todos no Rio de Janeiro; o Museu Náutico da Bahia (R$ 303,5 mil) e a Cinemateca Brasileira em São Paulo (R$ 1,95 milhão).

Conforme já mencionado, além desse apoio voltado à preservação do patrimônio cultural em geral, o BNDES também concede recursos específicos para recuperação e conservação de acervos. O objetivo é incentivar ações de catalogação, gerenciamento ambiental, instalação de sistemas de segurança, higienização e acondicionamento, melhoria de infraestrutura, restauração e visitação. A seleção e o apoio dos projetos são feitos por meio de chamadas públicas.

O programa admite a inscrição de duas modalidades de projetos: individual, com foco em um único acervo, ou âncora, que se baseia em uma rede ou conjunto de acervos independentes unidos por uma razão comum:

> O ingresso da Modalidade Âncora viabilizou o apoio a projetos de maior complexidade e valor e também potencializou um ambiente de compartilhamento e articulação entre as instituições de guarda, tanto internamente quanto junto a seus pares. Com a Modalidade Âncora, o BNDES ofereceu uma modelagem de captação de projetos inédita, ao admitir que o proponente apresentasse em pleito único um conjunto de projetos aglutinados ou em rede. No "Aglutinado", um conjunto de acervos, independentes entre si, é aglutinado em uma operação única, em razão de algum elemento comum (temático, geográfico etc.). Esse tipo pode ser ilustrado por uma universidade que tem acervos em bibliotecas, arquivos e museus e envia um projeto único reunindo subprojetos para cada uma das coleções. Na "Rede", o projeto consiste em replicar ações bem-sucedidas em diversas instituições, departamentos, setores etc. Como exemplo, pode-se citar a instalação de uma plataforma de acesso digital em operação em uma rede de instituições que ainda não conta com projetos de digitalização de acervos [Balbi, Zendron e Marcelino, 2014:27].

Dos 136 projetos classificados no histórico do programa, 62 referem-se a arquivos, 50 a museus, 18 a bibliotecas e seis a cinematecas.

Só na última chamada foram recebidas 262 inscrições. Pela modalidade individual, receberam aportes o Arquivo Nacional, o Incra e o Museu Casa da Ponta, Museu de Arte Moderna de Resende, no Rio de Janeiro; o Arquivo Público do Estado do Pará; o Museu de Arte Assis Chateaubriand, na Paraíba; a Universidade Federal do Ceará; o Arquivo do Estado de São Paulo. Na modalidade âncora, foram beneficiados o Iphan; a PUC Goiás; o Arquivo Nacional e a Fiocruz, no Rio de Janeiro; e a Universidade Federal do Rio Grande do Sul.

Verifica-se que, ao longo dos anos, a faixa de valor dos projetos classificados aumentou consideravelmente. Na primeira chamada, a maior parte das operações recebia apoio até R$ 250 mil. Na última edição, alguns projetos chegaram a receber apoio superior a R$ 2 milhões:

> Verifica-se o deslocamento das prioridades, do apoio exclusivo a projetos na Modalidade Individual – que prioriza estancar processos avançados de má conservação, com capilaridade geográfica, ainda que em projetos de menor complexidade e valor – para o apoio a projetos na Modalidade Âncora, de maior complexidade e valor, que apesar de concentrar os recursos, maximiza o esforço e a escala de investimentos [Balbi, Zendron e Marcelino, 2014:33].

Apesar dos desafios relativos à mensuração da efetividade do apoio, sobretudo considerando a natureza não reembolsável dos recursos, tem-se que a atuação do BNDES no setor gerou resultados muito além daqueles inicialmente previstos no escopo do projeto. De acordo com levantamento do BNDES, nas instituições beneficiadas o número de visitantes e o número de acessos virtuais ao ano, por exemplo, cresceu, em média, 224% (de 195 mil para 626 mil visitas presenciais) e 91% (de 1,3 milhão para 2,4 milhões de visitas virtuais) após o apoio do BNDES.

Por meio dos programas acima mencionados, o BNDES tornou-se um dos maiores apoiadores de acervos no Brasil. É fundamental que, nos próximos anos, a instituição confirme seu papel de protagonismo, não apenas ampliando sua atuação no setor, mas capitaneando um movimento institucional de valorização do patrimônio nacional e promoção do desenvolvimento cultural do país.

Financiamento por editais: estudo de caso do MAM-SP

Com uma coleção de cerca de 5.280 obras de artistas brasileiros, contemplando o período de arte moderna e, sobretudo, a produção contemporânea, o Museu de Arte Moderna (MAM) tem hoje sob sua responsabilidade um patrimônio cultural de valor incomensurável e é um importante ator na preservação da memória brasileira e na educação cultural informal.

A coleção do MAM é composta por obras de diversas categorias, como pintura, escultura, desenho, gravura, fotografia, vídeo, instalação e performance, produzidas por mais de mil artistas. Entre eles figuram os nomes mais expressivos da produção moderna e contemporânea brasileira, como Lívio Abramo, Flávio de Carvalho, Paulo Bruscky, Mira Schendel, Hélio Oiticica, Lygia Clark, Nelson Leirner, Cildo Meireles, Regina Silveira, Carlos Fajardo, Beatriz Milhazes, Adriana Varejão, Rafael França, Vik Muniz e Rivane Neuenschwander.

O museu possui uma edificação de dimensões limitadas e, portanto, a coleção fica armazenada em uma reserva técnica interna e duas externas. Além disso, não há exposição permanente da coleção. Costumam ser realizadas quatro exposições por ano, sendo que, destas, ao menos uma utiliza obras do acervo.

Com a grande quantidade de obras armazenadas, parece evidente que o público dificilmente tenha acesso a todas elas, a não ser quando participem de alguma exposição temporária, sejam emprestadas para outras instituições ou quando algum pesquisador solicite que determinada obra seja vista. Essa é, aliás, prática amplamente realizada pela equipe de acervo do MAM, que acompanha todo o processo, desde a documentação e estabelecimento das condições de empréstimo, preparação das obras para a exposição, indicação de restauro, montagem especial quando necessário, até o acompanhamento da obra na montagem e desmontagem da exposição (O acervo de A a Z, 2009).

A equipe de acervo do museu é ainda responsável por atividades de conservação e preservação. As atividades relativas à conservação se justificam pela necessidade que as obras têm de cuidados preventivos frequentes para que se mantenham em bom estado de conservação, garantindo a sobrevida e a integridade física e estética da obra de arte, bem como de restauro em casos extremos. As atividades de documentação dizem respeito à produção, organização e disponibilização da informação e de conteúdos relativos à coleção, envolvendo o uso de banco de dados e digitalização das obras.

As etapas expostas acima ilustram o demorado e custoso processo que envolve a preservação, conservação e circulação do acervo do MAM. O financiamento das atividades de rotina ocorre por meio do plano anual, aprovado pelo Ministério da Cultura, e a captação de recursos se dá pelos mecanismos permitidos pela Lei Rouanet. Para se ter uma dimensão, apenas os custos anuais de seguro são de, aproximadamente, R$ 300 mil.

A captação de recursos via patrocínio é limitada e, portanto, torna-se impossível abarcar ações que vão além dos custos básicos necessários para manutenção e conservação do acervo. Como trabalhado no tópico anterior, a captação de recursos se dá pelo mecenato, que envolve o convencimento de empresas privadas a aportarem recursos em determinado projeto. O acervo, como dito, geralmente não é atraente aos olhos dos investidores, que tendem a optar por projetos grandiosos e que lhes deem visibilidade imediata.

É por esse motivo que projetos que pretendam ampliar o alcance do acervo e propor novas atividades relacionadas a ele costumam ser financiados mediante editais, privados ou públicos, especificamente abertos para contemplar ações ligadas a acervo (Tuttoilmondo, 2010). Os editais públicos, abertos nas três esferas (municipal, estadual e federal), têm a função de corrigir as distorções causadas pelo financiamento via mecenato, que tende a privilegiar determinados segmentos e práticas artísticas e culturais.

Anualmente, por exemplo, a Secretaria de Cultura do Estado de São Paulo seleciona até oito projetos para iniciativas ligadas à difusão de acervos e cinco para iniciativas de preservação. No caso de difusão de acervos, as iniciativas apoiadas pelo edital devem contemplar uma das seguintes atividades: (1) produção e execução de exposição temporária; (2) produção e execução de exposição de longa duração; (3) itinerância de exposição; (4) catálogo de exposição ou do acervo de museu; (5) produção e confecção de material educativo; (6) ação educativa.

Já para a preservação, o projeto deve contemplar a produção e execução de tratamento técnico de acervo museológico – conservação (controle ambiental, higienização, acondicionamento e projeto e mobiliário de reserva técnica, entre outros) e documentação (inventário, catalogação, banco de imagens e informatização de acervos, entre outros). Os valores do repasse são de R$ 75 mil a R$ 100 mil.

O Instituto Brasileiro de Museus (Ibram) em âmbito federal, por sua vez, abre também uma série de chamadas públicas que podem ser utilizadas para o financiamento de iniciativas ligadas a museus, incluindo-se nelas a questão de acervos. Um exemplo é o prêmio Modernização de Museus: microprojetos, que abarquem as seguintes ações: (1) ações e estudos estratégicos para modernização de instituição museológica; (2) manutenção de ações/programações museológicas regulares; (3) preservação e digitalização de acervos museológicos; (4) atividade editorial e curatorial em instituição museológica; (5) capacitação de funcionários e gestores para atividades específicas no campo museológico; (6) reforma, reaparelhamento e modernização de museus.

Existem, ainda, editais abertos por empresas privadas que selecionam projetos a serem premiados. Essa prática é feita tanto com o uso de recursos incentivados – como é o caso das seleções realizadas pela empresa Natura, que abre uma chamada pública para o aporte em projetos pela Lei Rouanet – quanto com o uso de recursos desvinculados de leis de incentivo. Nessa segunda categoria, é possível citar o exemplo do Projeto de Conservação de Arte, coordenado pelo Bank of

America Merrill Lynch.[2] Esse programa fornece fundos a instituições e museus sem fins lucrativos visando à conservação de obras de importância histórica ou cultural que correm risco de sofrer degradação, incluindo obras designadas como tesouros nacionais.

Após breve explicação sobre possibilidades de financiamento de acervos que não estejam ligadas à captação de recursos pelo mecenato, voltemos à análise de situações práticas vivenciadas pelo Museu de Arte Moderna de São Paulo. Em 2013, o MAM foi contemplado pelo Projeto de Conservação de Arte do Bank of America com a proposta de restauro do Jardim de Esculturas do museu. O jardim é composto por 29 obras, dispostas em uma área de 6 mil metros quadrados no jardim do museu.

A proposta foi de restaurar as obras e, em muitos casos, possibilitar novamente o funcionamento de certas instalações. O projeto ainda previu a identificação de todas as esculturas e um novo sistema de iluminação. Foram restauradas obras como *Cantoneiras*, de Franz Weissmann; *Carranca*, de Amílcar de Castro; *Craca*, de Nuno Ramos; *Sete ondas*, de Amélia Toledo; *Árvore*, de Cleber Machado; *Exu mola de Jeep*, de Mario Cravo Jr., entre outras.

O MAM foi também contemplado pelo prêmio de Modernização de Museus: microprojetos, em 2012, com a proposta "Difusão do acervo do Museu de Arte Moderna de São Paulo – uma construção pedagógica em múltiplas linguagens". O projeto envolveu uma publicação para a difusão do acervo do museu, por meio de reflexões e ações educativas, em um formato acessível a todos os perfis de público.

Ambos os projetos têm a importância de tornar públicas obras de interesse artístico e social, relevantes para a história da arte nacional. Ao serem digitalizadas, ficam disponíveis para que diversos interessados, desde pesquisadores até o público em geral, possam entrar em contato com elas, o que se torna especialmente relevante quando pensamos que essas obras, na maior parte do tempo, não estão expostas no

---

[2] Jardim das Esculturas: projeto de conservação de arte (Museu de Arte Moderna de São Paulo, 2014).

museu, mas guardadas no acervo. O projeto, nesse sentido, viabilizou uma exposição permanente dessas obras, ainda que no plano virtual, e veio responder a uma grande demanda que o MAM recebia do público em ter um contato mais ampliado com seu acervo.

O catálogo produzido apresenta uma seleção de obras do acervo do MAM, contemplando arte moderna e arte contemporânea, em seus distintos suportes (pintura, gravura, escultura, fotos, performances, sítios específicos, entre outros). Além da imagem de cada obra com sua legenda e informações em português e inglês, bem como audiolivro para contemplar a comunidade cega. O livro apresenta textos escritos por educadores do MAM sobre 10 obras de sua coleção, com o intuito de explorar seu potencial pedagógico e fomentar discussões e reflexões sobre a arte e a vida.

A seleção do MAM-SP nos editais citados foi de fundamental importância para que projetos ligados ao acervo pudessem ser colocados em prática, de modo a continuar e ampliar a preservação e conservação das obras, bem como auxiliar na sua difusão e democratização. Os editais, no entanto, contemplam apenas uma parcela das etapas necessárias para a permanência dessas ações. No caso do Jardim das Esculturas, por exemplo, existe uma necessidade continuada de restaurações, cujos elevados custos são arcados pelo museu por meio de captação via Lei Rouanet, o que apresenta todas as dificuldades indicadas acima. Se captar para um projeto ligado a acervos já é difícil, é ainda mais complicado conseguir recursos junto a empresas para que essa ação possa prosseguir.

Além disso, há várias obras de arte do acervo do museu que não possuem imagens em alta resolução, ou sobre as quais o museu não detém autorizações de direitos autorais para que possam ser utilizadas pela própria instituição ou por outras que eventualmente solicitem seu empréstimo. Os processos, tanto de registro quanto de regularização jurídica, são custosos e envolvem contratação de pessoal especializado. Nesse sentido, há alguns anos o museu vem tentando realizar um projeto de acervo mais ambicioso, envolvendo a digitalização e aquisição dos direitos autorais de 120 obras para que elas possam ser disponibilizadas.

Para tornar um acervo acessível, a digitalização é fundamental. Assim, um maior número de pessoas pode entrar em contato com essas obras, em alta resolução. É, portanto, fundamental que elas estejam inteiramente disponíveis no site, fotografadas em alta resolução, de acordo com os mecanismos mais atualizados de registro, ficando acessíveis de modo permanente. Não fossem os acervos online, o público em geral não teria outra forma de conhecer as coleções ou ter informações sobre as políticas de aquisição de obras de arte pelo poder público.

A digitalização é, no entanto, apenas o primeiro passo. Exatamente por isso, o Projeto de Difusão do Acervo do MAM prevê, além da digitalização, a seleção de conjunto de obras desse acervo para elaboração de audioguias para visitantes cegos que queiram conhecê-las e videoguias, para visitantes surdos que necessitem de uma abordagem mediativa em sua língua. Não tendo sido selecionado por nenhum edital e não conseguindo captação por mecenato para realizar a ação, a proposta continua aguardando financiamento e as obras permanecem fora do alcance desse público.

Conclusões

No Brasil, ainda existe uma grande dependência de recursos públicos para a criação, manutenção e expansão dos acervos de bibliotecas, museus e demais equipamentos de preservação e promoção do patrimônio, seja pelas leis de incentivo fiscal, pela atuação de instituições como o BNDES ou por editais de apoio direto. Se por um lado os fins constitucionais e as metas do Plano Nacional de Cultura exigem, de fato, uma postura ativa do poder público no apoio, por outro, verifica-se um momento político-econômico de arrocho orçamentário das contas públicas.

Nesse contexto, há uma necessidade de diversificar, quantitativa e qualitativamente, os instrumentos de financiamento de acervos existentes no país. Isso necessariamente deve passar pela reforma e restruturação dos modelos de gestão do patrimônio hoje existentes.

Mesmo em museus mundialmente conhecidos, como o Louvre, em Paris, o Metropolitan, em Nova York, ou o Guggenheim, em Bilbao, esse desafio existe. Tais instituições buscaram diversificar suas receitas com a criação de lojas de souvenir e restaurantes, ou mesmo de aluguel e venda de parte do acervo.

Conforme exposto, no caso brasileiro a grande dependência aos mecanismos de incentivo fiscal torna projetos de preservação e democratização de acervos pouco atraentes para a iniciativa privada, o que dificulta sua viabilização financeira. Instrumentos como editais públicos e privados voltados para a seleção de projetos, responsáveis por aporte direto de recursos, bem como linhas de apoio do BNDES, ajudam a corrigir essa ausência de incentivos.

Ainda existem, no entanto, muitos desafios a serem enfrentados. Sendo a preservação de acervos uma ação contínua, editais pontuais abarcam apenas uma parte das necessidades relativa ao setor. As estruturas existentes voltadas a um apoio continuado de acervos são, muitas vezes, insuficientes, ficando à mercê de empresas privadas a decisão de aportar ou não recursos nesses projetos. É, portanto, de fundamental importância que se criem e ampliem mecanismos regulares de preservação e difusão de acervos, abarcando o projeto não apenas em sua fase inicial, mas que levem em consideração o aspecto prolongado das necessidades envolvendo esse setor.

A promoção e a proteção do patrimônio cultural brasileiro, por meio dos acervos, são mais que uma responsabilidade compartilhada entre o poder público e a sociedade; é uma determinação constitucional, além de um elemento essencial e indispensável ao desenvolvimento cultural do país. Como política cultural, as coleções públicas existem para preservar o patrimônio artístico nacional e permitir a fruição cultural pela população. É imprescindível, portanto, que existam as condições necessárias para que elas estejam ao alcance de todos.

Referências

BALBI, Fernanda Menezes; ZENDRON, Patricia; MARCELINO, Gustavo. O setor de acervos memoriais brasileiros e os dez anos de atuação do BNDES: uma avaliação a partir da metodologia do Quadro Lógico. *Revista do BNDES*, n. 41, jun. 2014.

BANCO NACIONAL DE DESENVOLVIMENTO. O BNDES e a economia da cultura. *Portal institucional*. [S.l.]: BNDES, [s.d.]. Disponível em: <www.bndes.gov.br/SiteBNDES/bndes/bndes_pt/Areas_de_Atuacao/Cultura/>. Acesso em: 6 mar. 2015.

BENCHETRIT, Sarah Fassa. Preservar por quê? Preservar pra quê? In: CARVALHO, Claudia S. Rodrigues et al. (Org.). *Um olhar contemporâneo sobre a preservação do patrimônio cultural material*. Rio de Janeiro: Museu Histórico Nacional, 2008. p. 20-24.

CAMARGO, Ana Maria de Almeida. Arquivos de museus. In: MAGALHÃES, Ana Gonçalves (Org.). *I Seminário Internacional Arquivos de Museu e Pesquisa*. São Paulo: MAC USP, 2010. p. 22-27.

CARVALHO, Umberto Farias de. *Uma metodologia para conservação e restauro de arte contemporânea*. 2009. Dissertação (mestrado) – Escola de Belas Artes, UFRJ, Rio de Janeiro, 2009.

CHAUI, Marilena. *Cultura e democracia*. 7. ed. São Paulo: Cortez, 1997.

COHN, Gabriel (Org.). *Comunicação e indústria cultural*. 4. ed. São Paulo: Companhia Editora Nacional, 1978.

DAHL, Gustavo. Mercado é cultura. *Cultura*, Brasília, v. 6, n. 24, 1977.

MALEUVRE, Didier. *Museum memories*: history, technology, art. Stanford: Stanford University Press, 1999.

MORIN, Edgar. *Cultura de massa no século XX*. Rio de Janeiro: Forense Universitária, 1981.

MUSEU DE ARTE MODERNA DE SÃO PAULO. *Jardim das Esculturas*: projeto de conservação de arte. São Paulo: Museu de Arte Moderna de São Paulo, 2014.

O ACERVO de A a Z. *Moderno MAM*, São Paulo, p. 11, 2009.

OLIVIERI, Cristiane Garcia. *Cultura neoliberal*: leis de incentivo como política pública de cultura. São Paulo: Escrituras, 2004.

PACHECO, Regina Silva. Regulação no Brasil: desenho das agências e formas de controle. *Revista Eletrônica sobre a Reforma do Estado*, Salvador, n. 7, set./out./nov. 2006.

PAES, Marilena Leite. *Arquivo*: teoria e prática. Rio de Janeiro: Ed. FGV, 2004.

RICKMAN, Catherine; BALL, Stephen. Conservação de obras de arte em papel: gravuras, desenhos e aquarelas. In: MUSEUMS, LIBRARIES AND ARCHIVES COUNCIL. *Museologia*: roteiros práticos – conservação de coleções. São Paulo: Edusp, 2005. p. 103-110.

TUTTOILMONDO, Joana. *Presente nos museus*: processos de formação de acervos de arte contemporânea brasileira. 2010. Tese (doutorado) – Faculdade de Arquitetura e Urbanismo, USP, São Paulo, 2010.

2

El dominio público: un problema teórico, una propuesta política, una herramienta metodológica

Evelin Heidel*

El dominio público: un concepto escurridizo

¿Por qué hablamos del dominio público? Creo que, como militantes, no nos detenemos a pensar demasiado en este concepto como un problema analítico. La mayor parte de las veces optamos por la salida fácil y no demasiado elaborada: "el dominio público es el acervo cultural común", o bien "es el estatuto legal que adquieren las obras una vez vencidos los plazos del monopolio del derecho de autor".

Existe una tradición jurídica ya establecida que, tomando la noción de "bien público", la trasladó al campo del derecho autoral para referirse a esta situación del estado que adquieren las obras una vez expirados los plazos del monopolio garantizados por el Estado. Las obras que están en dominio público son obras cuya titularidad es pública y son destinadas al uso público.

Ninguna de estas respuestas es incorrecta, pero en cierto sentido son todas problemáticas, por distintos motivos.

Analicemos por ejemplo la primera respuesta: "es el acervo cultural común". Una obra que está bajo el dominio privado, es decir,

---

* Miembro de Altermundi, Argentina. Militante por la liberación de la cultura y el acceso al conocimiento. Participa en el proyecto de construcción de escáneres de libros "Do it yourself" (diybookscanner.org) y del grupo de investigación en historia del derecho de autor en Argentina (derechodeautor.org.ar).

cuya titularidad todavía está vigente, también forma parte del acervo cultural común. Alrededor de las obras que están en dominio privado se construye una multiplicidad de sentidos, individuales y colectivos. De las obras que están en el dominio privado también se derivan obras nuevas, y en más de una ocasión sucede que la "copia" supera ampliamente al original. Se hacen parodias y reinterpretaciones de las obras que están en el dominio privado, y muchas veces esas parodias funcionan porque existe justamente un "acervo cultural común" que las vuelve inteligibles para quienes las reciben. De hecho, si las obras que están en el dominio privado no fueran parte del acervo cultural común, su propiedad, posesión y apropiación no sería el enorme problema que es.

Probablemente el ejemplo más característico y pedestre de esta situación sea lo que pasa con los superhéroes y los cómics, donde los personajes son parte del "acervo cultural común" y son utilizados por esa razón sin autorización de los titulares de derechos, en múltiples instancias de la vida pública, desde la política hasta el entretenimiento; por supuesto, también se utilizan en la vida privada de las personas, lejos de la visión omnisciente y omnipresente con la que tienen sueños húmedos los titulares de derechos.[1] No voy a citar aquí ejemplos o casos particulares. Me evito la cita para que otros se pongan creativos pensando en el cómic que quieran, y averigüen (y encuentren con bastante celeridad) que seguramente existe *algún tipo* de conflicto de propiedad intelectual sobre él.

Que las obras que están en el dominio privado sean parte del acervo cultural común es también lo que las hace productivas, y lo que habilita la posibilidad de que existan obras que, efectivamente, en base a lo existente, rompen con todos los esquemas, inventan nuevas formas, o bien se instituyen como representantes excelsas de un género en particular. Me gustaría referirme a este problema como "el dilema del Quijote".

---

[1] El ejemplo más ilustrativo de estos "sueños húmedos" sin dudas es el canon digital. No importa cuántos tribunales europeos fallen en contra de él, vuelve siempre.

¿Cuál es el dilema del Quijote? El dilema del Quijote es ser la mejor novela moderna, escrita en la Edad Media, que versa sobre caballería, pero que no es sobre caballería. Lo que hace el Quijote es tomar todos estos elementos tan comunes y pedestres que eran parte, precisamente, del acervo cultural común de su época, y reinscribirlos en una tradición propia que se funda en el mismo momento en que se crea esta nueva obra. Probablemente los caballeros de los que se burla el Quijote también eran creaciones de otras personas. Ese acervo cultural común es el que actúa como subtexto, sin el cual la obra sería incomprensible.

El dilema del Quijote, por cierto, no es excluyente de esta obra, de este género y ni siquiera de este siglo. Desde Edgar Allan Poe hasta el vodevil, pasando por Borges y sus reacciones contra el criollismo, podrían citarse miles de ejemplos que ilustran este hecho: el acervo cultural común no es algo así como un repositorio de obras que están ahí en un estante, no es una biblioteca gigante, ni una plataforma inagotable de videos, sino fundamentalmente una práctica de puesta en común de sentidos construidos alrededor de objetos culturales determinados y específicos. Al acervo cultural común, en muchos aspectos, le importa poco y nada quién es el dueño de qué cosa y en qué contexto, y por eso es que los usuarios son tan irrespetuosos de la titularidad de los derechos de autor cuando se trata de usar algo que sienten como propio.

Por lo tanto, ¿es el dominio público el acervo cultural común? Sí y no. Sí, porque las obras que están en dominio público muchas veces forman parte del acervo cultural común. Pero no, porque el acervo cultural común es algo mucho más amplio que simplemente un conjunto de obras. Es, ante todo, una comunidad de sentidos frente a las obras.

Como decíamos, otra respuesta que solemos dar frente a la pregunta de "¿qué es el dominio público?" se refiere a la condición legal de las obras que integran el dominio público. Las obras de dominio público son aquellas cuyo plazo de monopolio ya venció. Desde el punto de vista jurídico, quizás esta noción sea la más acertada, pero reviste otros problemas que son necesarios discutir.

En efecto, que una obra adquiera un estatuto legal nuevo o diferente implica que, en primer lugar, conocíamos el estatuto legal *previo*. Cualquiera que haya lidiado con una obra, sin importar en qué dominio se encuentra, sabe que esto es una falsedad. Lo que sabemos sobre las condiciones legales de las obras, datos tan simples y sencillos como quién es el titular de los derechos, es poco y nada. De hecho, no sabemos nada porque los registros públicos que existen al respecto son pocos, escasos y deficientes, cuando existen.

El Convenio de Berna establece como uno de sus principios el *principio de la protección automática*. Esto implica que una obra, a partir del momento mismo en que es fijada en un soporte, goza de la protección legal garantizada por el Estado. Hay quienes también añaden la voluntad del autor de que eso se constituya como obra, algo razonable en tiempos en que básicamente todo el mundo produce obras del tipo más variado, pero por el momento quedémonos con esta idea de la fijación en un soporte. Esto implica que no es necesario hacer ningún trámite ni registro formal ni presentación para que una obra pase a estar bajo el monopolio legal de la vida del autor más 50 o 70 años post-mortem, dependiendo del país.[2]

Los maximalistas del derecho de autor suelen equiparar a la propiedad sobre los bienes intangibles como si se tratara del mismo tipo de propiedad que la de los bienes tangibles o bienes inmuebles. Nuestra respuesta automática como militantes a este intento descarado de equiparación es señalar con celeridad las características esenciales que diferencian un bien del otro, pero no insistimos con suficiente énfasis en el segundo aspecto de esta premisa. Si en efecto no hay ninguna diferencia entre una propiedad inmueble o bien tangible y un bien intangible, ¿por qué el requerimiento de registro es indispensable en un caso y nulo en

---

[2] La duración del monopolio siempre se puede subvertir, porque en definitiva el problema estructural de fondo está relacionado con el propio carácter de permanente acumulación y apropiación que necesita el capitalismo para perpetuarse como sistema económico, social y político. Así, una vez firmados los acuerdos de la OMC en la Ronda de Uruguay en 1995, donde se firmó también el ADPIC, Estados Unidos firmó el URAA (http://en.wikipedia.org/wiki/Uruguay_Round_Agreements_Act), que finalmente termina estableciendo todavía más años de monopolio que los que originalmente estaban previstos por los límites de ADPIC y del Convenio de Berna.

el otro? A fin de cuentas, ¿quién se compraría un auto y no reclamaría los papeles? ¿Quién se compraría un terreno, se construiría una casa y se "olvidaría" de ir a escriturarla, manteniéndola desocupada, y olvidando completamente que se es dueño de ella? Más aún: ¿qué Estado sería tan irresponsable de no llevar un registro de la propiedad?

Sabemos de manera bastante fehaciente que por lo menos desde que al primer sumerio se le ocurrió hacer dos marquitas sobre un pedazo de arcilla, que la escritura ha estado indisolublemente ligada a un trámite administrativo para establecer quién posee qué cosas y en qué medida. Pero nos evadimos de exigir este trámite a las obras intelectuales, especialmente a las literarias y artísticas. Sin dudas, en este sentido mucho más que en ningún otro, la propiedad intelectual tiene una característica singular y única que la distingue de todas las demás propiedades: que no la registramos como propiedad.[3]

Hay distintos argumentos que buscan justificar esta situación, pero en todo caso ninguno es lo suficientemente razonable como para ser tenido en cuenta.[4] En efecto, no hay situación más fácil de resolver, en

---

[3] Esto contrasta de manera notable con otros regímenes legales de protección de la propiedad intelectual, como marcas y patentes. La patente exige el registro precisamente porque se trata de un quid pro quo: yo, Estado, te garantizo un monopolio sobre una invención durante 20 años, a condición de que me entregues todos los datos que necesito para que otros eventualmente puedan replicar esta invención, una vez vencido el plazo de monopolio, o bien bajo determinadas condiciones que voy a establecer claramente cuando haya involucrados temas de interés público. Es un quid pro quo en apariencia sencillo y efectivo. Después, por cierto, viene el problema del nivel de suficiencia descriptiva que algunos titulares de patentes buscan evadir por todos los medios, la flexibilidad de los examinadores de patentes para concederlas, los tratados comerciales que buscan flexibilizar los requisitos y ampliar los plazos de monopolio mediante artilugios de dudosa legitimidad, entre otros. Pero inicialmente la propuesta es razonable: monopolio a cambio de información para poder replicar luego la invención que se considera socialmente útil.

[4] Hay una gran diversidad de argumentos. Quizás los principales sean los referidos a la desigualdad de condiciones a la que se vería sometido el autor, quien supuestamente podría quedar así a la merced de que una editorial registre su obra sin su autorización y luego reclame la titularidad sobre ella. Creo que la industria discográfica se ha encargado de dejar bien en claro a lo largo de décadas y décadas de maltrato a los músicos que no necesita ningún registro para explotar y expoliar a los músicos cuando lo considera necesario, con registro o sin él. La idea de que la ausencia de registro sirve para equiparar condiciones es errada: es evidente que una editorial tiene mayor capacidad de litigio que un autor individual, que no es lo mismo un autor de trayectoria que uno novel, y así sucesivamente. Por otra parte, las argucias de USA de no garantizar protección a quien no registrara en su país a fines del siglo XIX, está caído por lo menos desde 1995 con la firma de ADPIC, sino desde unas cuatro o cinco décadas antes de que se firmara ADPIC.

este mundo lleno de bases de datos sobre datos que ni siquiera deberían ser recopilados en primer lugar, que crear un registro público, accesible y de fácil consulta que clarifique quiénes tienen registradas qué cosas, y cuál es el tiempo en que esa situación se modificará.

Más aún, en el origen de la propiedad intelectual está la idea de que este monopolio se concede para fomentar e incentivar la producción de nuevas, de más y de mejores obras. Así lo consagra la "cláusula del progreso" de los Estados Unidos,[5] y aunque con diferencias respecto de la de Estados Unidos, también lo hacen las diferentes constituciones de varios estados de América Latina (Vidaurreta, 2006).

Lo que no se ha analizado hasta ahora con suficiente profundidad es el efecto disuasorio que produce la protección automática, tanto para la creación de nuevas obras como para la difusión de las obras ya existentes. Sacando los casos paradigmáticos de obras reconocidas, donde en efecto la propiedad intelectual funciona como un freno para la trasposición a nuevos formatos o reinterpretaciones, existe todo un montón de obras cuyo estado de incertidumbre jurídica provocan que, frente a la disyuntiva entre violar una ley y utilizar la obra, quienes deseen utilizarlas opten por no utilizarlas para evitarse riesgos legales. Especialmente en países donde los derechos de los que gozan los usuarios de obras culturales son nulos, escasos o de interpretación profundamente restrictiva.[6] Los potenciales usuarios de estas obras van desde las bibliotecas y los archivos, pasando por los autores, hasta las propias industrias culturales que también necesitan de este enorme acervo, aún cuando hagan muy poco para afianzar su crecimiento.

Nótese que, en este caso, cuando hablo de "obras bajo incertidumbre" ni siquiera me refiero a las obras huérfanas, un problema aparte dentro de este enorme problema. Hablo simplemente de las

---

[5] Constitución de los Estados Unidos. Octava Sección. Podres del Congreso: "El Congreso tendrá facultad [...] para fomentar el progreso de la ciencia y las artes útiles, asegurando a los autores e inventores, por un tiempo limitado, el derecho exclusivo sobre sus respectivos escritos y descubrimientos".
[6] Como es el caso de la mayoría de los países de América Latina.

obras en dominio público: existen un montón de obras en dominio público de las que no se conoce quién es el titular o quiénes son los titulares y cuándo fallecieron, y por lo tanto, cuándo expiró el derecho de autor.

Para dejarlo más en claro aún: la ausencia de registro formal tiene un impacto directo sobre el derecho a la libertad de expresión. La ausencia de registro formal limita seriamente los derechos de acceso a la cultura y al conocimiento, en la medida en que aumenta los grados de incertidumbre jurídica de los usuarios potenciales de las obras.

Por supuesto, como sugiere Beatriz Busaniche (2010) en su artículo "La privatización del dominio público", existen diferentes opciones para lidiar con estas obras. Pero ninguna de esas opciones analiza el problema del efecto disuasorio, y ninguna de esas opciones resuelve el problema de la incertidumbre jurídica. Lo que es más grave aún es que finalmente, de todos los usuarios potenciales de esas obras, quienes se encuentran en mejores condiciones de utilizarlas, usufructuarlas y explotarlas económicamente son los actores privilegiados del escenario, tanto corporativos como sin ánimo de lucro, que tienen mayor poder de negociación y mayor capacidad de litigio.

Vemos, entonces, que la afirmación de que el dominio público es el estatuto legal que adquieren las obras una vez vencido el plazo de monopolio es, cuando menos, polémica. Para que el dominio público sea efectivamente así, necesitamos conocer el estatuto legal *previo*, y para ello necesitamos de manera irremediable cambiar el principio de la protección automática tal como está establecido en el Convenio de Berna. Y necesitamos construir el registro para todas las obras ya existentes, casi de manera urgente.

De lo contrario, continuaremos teniendo un dominio público que no estamos demasiado seguros si es dominio público o no, simplemente porque no tenemos registro de él.

La palabra "dominio" en una de sus acepciones nos remite a la idea de territorio. Hay quienes hablan del dominio público como si se tratara de un espacio al que las obras "caen" una vez vencidos los plazos de monopolio.[7] Se metaforiza así al dominio público como un abismo del cual las obras no pueden ser recuperadas, nunca jamás, en vez de dibujarlo como el valle fértil en el que las obras, como semillas, se siembran para hacer crecer obras nuevas. La caída representa una tragedia: la tragedia de los bienes comunes.[8] Algo que ingresa al dominio público ingresa al espacio de lo común.

Esta metáfora de la caída y el dominio tiene efectos curiosos. El primer efecto más inmediato es suponer que la relación de sucesión lógica es que las obras primero están en el dominio privado, y luego pasan a estar en el dominio público. De hecho, pensamos que el dominio público se construye como la oposición al dominio privado, casi como si el dominio público fuera el lugar de las sobras del enorme banquete que tiene lugar en el dominio privado.

En realidad, esta idea va a contrapelo de la historia, y es falsa. El dominio privado existe producto de la apropiación de cada vez más bienes del espacio del dominio público. Creemos que los límites del dominio privado están bien definidos, cuando su esencia misma consiste en correr y redefinir esos límites toda vez que se pueda hacerlo. El concepto de dominio privado se construye en función de lo que se apropia del dominio público, y no a la inversa.

Hay algo de la conceptualización del dominio público como un territorio que vuelve a la metáfora una herramienta útil para la acción política. Creo que el problema que se nos plantea respecto del derecho

---

[7] Ver, por ejemplo, los fundamentos de algunos proyectos legislativos tendientes a aumentar el plazo de monopolio sobre las obras: "La caída en el dominio público de los fonogramas que incluyen a las obras lírico-musicales está teniendo nociva repercusión en el efectivo ejercicio de los derechos económicos de los autores e intérpretes que la Ley 24.870 tendió a assegurar". Proyecto presentado por los senadores argentinos Miguel Ángel Pichetto, María Cristina Perceval y Alicia Ester Mastandrea en el año 2004 para aumentar el plazo de protección sobre fonogramas (Argentina, 2004). El proyecto perdió trámite parlamentario y fue vuelto a presentar en el año 2009, por Miguel Ángel Pichetto, José Pampuro, Liliana Fellner, Ernesto Sanz y Pedro Guastavino. Esta vez obtuvo la sanción definitiva (www.senado.gov.ar/parlamentario/comisiones/verExp/3030.09/S/PL), lo que extendió el plazo de ingreso de fonogramas al dominio público de 50 años post-publicación a 70 años post-publicación.

[8] Hay una abundante cantidad de artículos que se han dedicado al problema de ilustrar hasta qué punto la "tragedia de los comunes" de Garrett Hardin es conceptualmente débil. Pero para una breve introducción, se sugiere Lerch (2008).

de autor en particular, y de la propiedad intelectual en general, en realidad no es otro más que uno iniciado hace unos 250 años, cuando se inició un proceso de acumulación brutal y despiadado, y que originó como consecuencia otro movimiento en respuesta, cuyas premisas fundamentales son la lucha por la tierra y la libertad.

El dominio público es la tierra común, comunitaria y colectiva que necesitamos mantener para poder ejercer la libertad. Ese ejercicio tiene que ser puesto en práctica de manera permanente, a riesgo de perder la libertad en manos de los avances corporativos que buscan privatizar el espacio de lo colectivo.

La defensa activa del dominio público: rompiendo el cerco

El dominio público es un territorio común, comunitario y colectivo que está bajo amenaza. En buena medida, necesitamos construir un concepto más sólido del "dominio público", porque de ese concepto y de esa construcción también dependen las estrategias de defensa que adoptemos frente a los permanentes intentos de privatización.

En el camino de esta construcción, hay que ser cautelosos con los nuevos conceptos, con las declaraciones que surgen como parte de estrategias supuestamente colectivas, con las agendas que a veces se imponen desde diferentes organizaciones o grupos académicos, muchas veces sin que necesariamente haya una elaboración que permita rescatar marcos políticos más efectivos para la defensa de derechos fundamentales.

Son particularmente preocupantes algunos discursos que buscan, por ejemplo, redefinir los derechos humanos en instrumentos de menor peso, como declaraciones o cartas magnas.[9] Los derechos humanos están reconocidos en pactos internacionales, tales como el PIDESC o la DUDH, firmados y conveniados en organismos multilaterales, discutidos con el consenso de múltiples gobiernos y partes interesadas, y son ya una herramienta lo suficientemente buena como para andar

---

[9] Ver, por ejemplo, la propuesta de Tim Berners-Lee (s.d.).

inventándolos nuevamente. En el mundo de la programación hay una frase bastante útil para resolver este dilema: *if ain't broken, don't fix it*.

Los tratados de derechos humanos no están rotos, y sus principios fundamentales siguen siendo igual de válidos por más que existan "nuevas" tecnologías desde hace más de 40 años.

Es en el contexto de los derechos humanos, es desde este marco teórico, que hay que rescatar el concepto del dominio público. El dominio público es necesario y fundamental para el ejercicio de derechos humanos esenciales.

En el caso particular de las obras literarias y artísticas, el dominio público es necesario para el ejercicio de los derechos de acceso a la cultura y al conocimiento, y el derecho a la libertad de expresión. Pero un dominio público fuerte también es esencial para garantizar el derecho a una vida digna – con todo lo que ello implica –, el derecho a la salud, entre otros, sobre todo cuando nos referimos a las invenciones monopolizadas bajo el sistema de patentes.

Una mirada al dominio público desde los derechos humanos tiene un impacto directo sobre las estrategias a desarrollar para su defensa. En efecto, porque ya no se trata de un problema destinado solamente a los especialistas en temas de derecho de autor, que discuten sobre si los plazos deberían durar 20 años más o 20 menos, o en un tema que se pueda dejar al libre arbitrio de las corporaciones para que decidan sobre él. Y también porque involucra directamente al Estado como garante último de los derechos humanos.

En este sentido, hay una serie de herramientas fundamentales para construir este dominio público como espacio para el ejercicio de derechos humanos.

El índice de dominio público (IDP): indicadores para los derechos culturales

Existe un conflicto entre los derechos culturales, tal como están consagrados en el artículo 15 del PIDESC y el artículo 27 de la Declaración

Universal de Derechos de Autor, y los derechos de autor. No voy a ahondar en particular en esta tensión, porque ya hay trabajos que la describen en profundidad y que hacen además una buena reseña bibliográfica para quien esté interesado en investigar y conocer el problema (Busaniche, 2016).

El derecho de autor es fácil de reforzar: se aumentan los plazos del dominio privado sobre las obras, se le otorga titularidad a nuevos actores en el juego, se crean más gestoras colectivas, se inventan impuestos ridículos como el canon digital, se inventan mecanismos de notificación y baja de contenidos, y, en fin, se implementa una larga serie de mecanismos para reforzar los derechos privados que ameritan por sí solos un artículo por derecho propio.

Pero reforzar los derechos culturales es mucho más complejo y difícil, y sin dudas probablemente sea mucho más difícil medir la forma en que se están garantizando. No alcanza, por cierto, con medir el porcentaje invertido en cultura en relación con el PBI. Aunque puede ser un indicador útil, puede conducir a interpretaciones erróneas. Un gobierno puede invertir una buena cantidad de dinero en cultura, pero si esa cultura es privatizada mediante el sistema de derecho de autor, el beneficio real para la ciudadanía se ve morigerado por las consecuencias negativas de las barreras artificiales impuestas sobre las obras.

Por supuesto que un derecho cultural es algo mucho más amplio que la circulación de obras, y que reducirlo a un problema de cierta forma tradicional de concebir la cultura sería injusto; pero, al menos provisoriamente, el problema de la circulación de las obras está subsumido dentro de los derechos culturales.

La pregunta entonces es: ¿Cómo se refuerza este aspecto de los derechos culturales? Creo que antes de pensar en posibles refuerzos se necesita construir herramientas que nos permitan medir el estado actual de situación. Una buena forma de hacerlo sería construir un índice del dominio público, que mida en definitiva la fortaleza de este espacio. Si reconocemos que el dominio público es una herramienta fundamental para el ejercicio de los derechos culturales, puede servir también utilizarlo como indicador.

Este índice tendría dos funciones fundamentales: por un lado, actuaría como medidor de las políticas públicas específicas en el campo de los derechos culturales, pero, además, serviría para oponerlo en la resolución de casos judiciales que involucren estos derechos, y para oponerlo como indicador en cada intento de ampliación de límites en el dominio privado.

¿Qué datos podría contener este índice? Además de los ya indicados arriba, como el de la cantidad de autores que se encuentran en el dominio público, también podría estar compuesto por un mapeo de la situación legislativa actual. Por ejemplo: ¿cuenta el país con dominio público por defecto para las obras producidas por el Estado (informes técnicos, fotografías etc.) o funcionarios del Estado (ej.: legisladores, directores etc.)? El país en cuestión, ¿aplica la regla del plazo más corto? ¿Cuál es el plazo de monopolio sobre las obras, sobre fonogramas etc.? ¿Tiene dominio público pagante? ¿Cuántas obras tiene aproximadamente en dominio público, y cuántas digitalizadas y puestas a disposición del público? ¿Cuántas obras de las que ingresaron al dominio público en años recientes fueron reeditadas, adaptadas, traducidas?

Algunos de estos datos son más fáciles de obtener que otros. Por ejemplo, en Argentina, los datos de libros reeditados en dominio público se pueden construir a partir de datos ya existentes en la Dirección Nacional de Derecho de Autor y en la Cámara Argentina del Libro; otros, costarán más trabajo. La cantidad de obras digitalizadas en dominio público y digitalizadas pueden construirse a partir de un muestreo de las bibliotecas y los archivos más importantes, sin necesidad de entrar en el detalle.

En síntesis, no es mi interés ahondar demasiado en este artículo sobre los datos que podría contener el índice. Creo que la elaboración de este índice y de los datos que podría contener es un trabajo para el futuro, pero no quería dejar de señalar la necesidad de su existencia, y la utilidad que una herramienta de estas características podría tener para definir los límites que necesita de manera urgente el dominio privado.

Referencias

ARGENTINA. Senado de la Nación. *Proyecto de ley modificando el art. 17 de la ley 11723 (propiedad intelectual) acerca del plazo de proteccion del fonograma*. Buenos Aires: Senado de la Nación, 2004. Disponible en: <www.senado.gov.ar/parlamentario/parlamentaria/verExp/parla/S-3009.04-PL>. Acceso en: 31 dic. 2016.

BERNERS-LEE, Tim. An online Magna Carta: Berners-Lee calls for bill of rights for web. *The Guardian*, [S.l.], [s.d.]. Disponible en: </www.theguardian.com/technology/2014/mar/12/online-magna-carta-berners-lee-web>. Acceso en: 31 dic. 2016.

BUSANICHE, Beatriz. La privatización del dominio público. In: _____ et al. *Argentina Copyleft*: la crisis del modelo de derecho de autor y las prácticas para democratizar la cultura. Buenos Aires: Fundación Vía Libre, 2010.

_____. *Propiedad intelectual y derechos humanos*: hacia un sistema de derechos de autor que promueva los derechos culturales. Buenos Aires: Tren en movimiento y Fundación Vía Libre, 2016.

LERCH, Achim. La tragedia de la "Tragedy of the commons". In: HELFRICH, Silke (Coord.). *Genes, bytes y emisiones*: bienes comunes y ciudadanía. México: Fundación Heinrich Böll, 2008. p. 115-126.

VIDAURRETA, Guillermo. *Historia del sistema argentino de patentes de invención (1580-1863)*. Buenos Aires: Editorial La Ley, 2006.

3

Direitos autorais nas obras de artes plásticas: livre reprodução para preservação e divulgação de acervo

Beatriz Ribeiro de Moraes[*]

Considerações preliminares

Todos sabem que na sociedade contemporânea a economia da arte é segmento de mercado em forte expansão, movimentando milhões de dólares pelo mundo todo. Com o desenvolvimento tecnológico e o surgimento da internet, a chamada pejorativamente "indústria da arte" pôde se expandir com mais facilidade, ampliando as possibilidades de negócios no mercado de arte.

Desde o século passado, os filósofos alemães da escola de Frankfurt, Theodor Adorno e Max Horkheimer, já afirmavam que a máquina capitalista de reprodução e distribuição da cultura estaria deteriorando a arte, tratada simplesmente como objeto ou mercadoria, em uma produção industrial consistente em "moldar" toda a produção artística e cultural, de modo que elas assumissem padrões comerciais.

Por outro lado, o *boom* tecnológico permitiu um processo de democratização e partilha da informação nunca antes possível, trazendo acesso cultural a um público que dificilmente frequentaria galerias

---

[*] Procuradora do município de São Paulo, assessora da Secretaria Municipal de Cultura. Advogada especialista em propriedade imaterial pela Escola Superior da Advocacia, da OAB/SP. Membro da Comissão de Direito Autoral e Entretenimento da OAB/SP. Membro do GT Arquivos de Museus e Pesquisa.

e museus, fazendo a imagem chegar a pessoas que vivem em lugares distantes física ou culturalmente.

Cientes da revolução cultural decorrente do uso da internet, cada vez mais instituições culturais buscam ampliar sua repercussão, utilizando a web para difusão de seus acervos. Contudo, percebe-se que esse não é necessariamente o desejo dos artistas e de seus herdeiros, que muitas vezes impedem a divulgação de suas obras, preferindo que permaneçam restritas a reservas técnicas, amparados pela legislação autoral.

O art. 46 da Lei nº 9.610/1998, que regulamenta os direitos de autor, estabelece limitações à exclusiva do autor, permitindo a utilização das obras autorais sem a prévia autorização dos autores e titulares em determinados casos. No caso específico das obras de artes plásticas, entretanto, há disposição no art. 77 estabelecendo que, salvo convenção em contrário, o autor de obra, ao alienar o objeto em que ela se materializa, transmite o direito de expô-la, mas não o direito de reproduzi-la.

A Constituição de 1988 concedeu proteção ao direito autoral inserindo-a no rol dos direitos e garantias fundamentais previstos no art. 5º:

> Art. 5º. Todos são iguais perante a lei, sem distinção de qualquer natureza, garantindo-se aos brasileiros e aos estrangeiros residentes no País a inviolabilidade do direito à vida, à liberdade, à igualdade, à segurança e à propriedade, nos termos seguintes:
> [...]
> XXXVII - aos autores pertence o direito exclusivo de utilização, publicação ou reprodução de suas obras, transmissível aos herdeiros pelo tempo que a lei fixar;
> XXXVIII - são assegurados, nos termos da lei:
> a) a proteção às participações individuais em obras coletivas e à reprodução da imagem e voz humanas, inclusive nas atividades desportivas;
> b) o direito de fiscalização do aproveitamento econômico das obras que criarem ou de que participarem aos criadores, aos intérpretes e às respectivas representações sindicais e associativas.

Como se vê, há um evidente conflito entre o direito constitucional do acesso de todos ao conhecimento e a legislação autoral vigente.

A análise das questões envolvendo direito autoral, como, aliás, todas as questões jurídicas contemporâneas, não pode ser realizada apenas com base no estudo das leis civis, devendo pontualmente ser estudada a relação do caso com os princípios constitucionais.

É, pois, fundamental analisarmos o direito autoral como um direito constitucionalmente garantido, estudo que será feito neste trabalho.

O autor do direito, o titular do direito e as limitações

O art. 11 da Lei de Direitos Autorais (LDA) define que o "autor é a pessoa física criadora de obra literária, artística ou científica". E o parágrafo único determina que "a proteção concedida ao autor poderá aplicar-se às pessoas jurídicas nos casos previstos nesta Lei".

Aparentemente, encontra-se aí uma contradição, uma vez que não é possível admitir que a criação intelectual seja atribuída senão ao ser humano, dotado de criatividade. Porém o que pretende o citado artigo é se referir à distinção entre autoria e titularidade da obra autoral.

Autor da obra é aquele que cria, a partir de experiências pessoais, e imprime sua marca de expressão na obra materializada. Tais atributos obviamente não podem ser verificados em pessoas jurídicas.

Conceito jurídico diverso é o da titularidade da obra, que pode ser exercida por pessoa física ou jurídica, enfim, a quem seja transferida a titularidade dos direitos do criador. Neste caso, o criador da obra continuará a ser seu autor, porém o direito de exploração econômica será exercido por terceira pessoa, seja ela física ou jurídica. A aquisição da titularidade por terceiros pode ocorrer por contrato entre autor e terceiro ou por sucessão hereditária. Transfere-se a possibilidade de exploração econômica da obra para reprodução, comercialização, distribuição ou qualquer outra utilidade pública.

Não se transferem, contudo, em hipótese alguma, os direitos morais sobre a obra, de acordo com a regra do art. 27 da LDA: "Os direitos morais do autor são inalienáveis e irrenunciáveis".

Os direitos morais e patrimoniais podem estar ambos em poder do criador da obra, porém, de maneira geral, são transferidos a terceiros por cessão ou licença, até para sua melhor divulgação e comercialização.

No caso específico das obras de artes plásticas, objeto deste estudo, há disposição legal em relação à transmissão dos direitos. Como dito, o art. 77 da LDA estabelece que, "salvo convenção em contrário, o autor de obra de arte plástica, ao alienar o objeto em que ela se materializa, transmite o direito de expô-la, mas não transmite ao adquirente o direito de reproduzi-la". E o art. 78 dispõe que "a autorização para reproduzir obra de arte plástica, por qualquer processo, deve se fazer por escrito e se presume onerosa".

A inserção dos direitos autorais na Constituição Federal, entre os direitos fundamentais, ressalta a importância da defesa do autor das obras intelectuais. Porém, isso não implica dizer que a utilização das obras por terceiros seja vedada absolutamente. Jamais o foi, pois esses direitos já surgiram limitados no tempo e no alcance. E se assim não fosse, estaríamos fadados a viver em uma sociedade reduzida em seu desenvolvimento cultural, científico e tecnológico.

Para garantir tal equilíbrio de interesses, a lei autoral previu limitações ao direito patrimonial de autor. A primeira delas é a limitação temporal, estabelecida para que, findo o prazo de proteção exclusiva, a obra caia em domínio público, ficando livre para qualquer tipo de uso independente da autorização do autor. Os prazos de proteção estão previstos nos arts. 41 a 45 da LDA.

Enquanto a obra estiver sob domínio exclusivo do autor, a lei prevê hipóteses em que ela pode ser utilizada por terceiros, independentemente de sua autorização. São as chamadas "limitações aos direitos autorais", previstas no art. 46 da LDA.

A ideia que permeia a limitação dos direitos envolvendo as obras intelectuais é a de devolver à sociedade o uso do privilégio concedido ao autor que, afinal, dela retirou os elementos para compor sua obra, formando-se um círculo de direitos que se retroalimentam continuamente. Com efeito, ao lado da proteção constitucional dos direitos dos autores, estão os direitos da sociedade à democratização do acesso aos bens da cultura.

Para muitos juristas, a relação das limitações do art. 46 seria taxativa, já que constituem uma exceção à regra da vedação à livre utilização das obras sem consentimento do autor. Essa visão, contudo, embasada em interpretação literal do direito, vem na contramão dos movimentos contemporâneos de análise das normas pela interpretação sistemática e teleológica do direito.

É inevitável, diante da própria função social inerente aos direitos autorais e da possibilidade de haver interesses sociais relevantes que não tenham sido contemplados expressamente pelo legislador infraconstitucional, a conclusão de que o rol de limitações é meramente exemplificativo.

Essas exceções legais já se encontravam previstas na Convenção da União de Berna, de 1886, que prevê, em seu art. 9º, a possibilidade de os Estados signatários referirem em suas legislações próprias "reprodução das referidas obras, em certos casos especiais, desde que tal reprodução não prejudique a exploração normal da obra nem cause prejuízo injustificado aos legítimos interesses do autor".

Da mesma forma, a Convenção Universal de Genebra, ocorrida em 1952, já previa a exceção aos usos pré-consentidos em seu art. IV bis, 2.

Também o Acordo TRIPS (Acordo sobre os Aspectos dos Direitos de Propriedade Intelectual Relacionados ao Comércio) estabelece, no art. 13, que "os Membros restringirão as limitações ou exceções aos direitos exclusivos a determinados casos especiais, que não conflitem com a exploração normal da obra e não prejudiquem injustificavelmente os interesses legítimos do titular do direito".

Tratam esses acordos internacionais, basicamente, da regra dos três passos, inserida no inciso VIII do art. 46 da LDA, segundo a qual não constitui ofensa aos direitos autorais a reprodução (na obra nova) seja de pequenos trechos (de obras preexistentes de qualquer natureza) ou de obra integral, quando de artes plásticas, desde que:

1) a reprodução em si não seja o objetivo principal da obra nova;

2) não prejudique a exploração normal da obra reproduzida;
3) não cause prejuízo injustificado aos legítimos interesses dos autores.

É necessária esta pequena introdução para contextualizar a polêmica entre a tríplice proteção do criador, dos direitos patrimoniais do titular e dos direitos da coletividade.

Reprodução de obras de artes plásticas

De tudo o que foi mencionado, poder-se-ia afirmar que um determinado museu, proprietário do acervo de obras de artistas diversos, ao pretender realizar exposição de parte de suas peças, estaria autorizado a reproduzi-las no catálogo da exposição, certo? Não exatamente.

De maneira geral, os artistas ou os herdeiros dos artistas homenageados com uma exposição, baseando-se nos arts. 77 e 78 da LDA, impedem a reprodução das obras nos *folders* ou catálogos da mostra sem sua prévia autorização, que muitas vezes ocorre de maneira onerosa.

Outra situação peculiar: determinada instituição pública, detentora dos direitos patrimoniais de vários artistas plásticos, pretende digitalizar seu acervo e inseri-lo em site institucional para fins de divulgação e conhecimento do público. Há algum entrave que a impeça? Sim, há. Novamente, os artistas ou seus herdeiros, invocando os artigos mencionados, muitas vezes proíbem a reprodução das obras sem sua autorização.

E quando uma instituição pública, como o Centro Cultural São Paulo, da Secretaria Municipal de Cultura de São Paulo, que detém a propriedade de uma das maiores coleções de arte postal brasileira, pretende digitalizar esse rico acervo representativo do movimento ocorrido no Brasil na década de 1970, para que não se perca no frágil suporte em que se encontra? Há impedimento legal?

Em tese, sim, pois não há possibilidade de reprodução de obras de arte, ainda que para sua preservação, sem a autorização prévia dos artistas. No caso mencionado, especulo que a instituição não encontraria barreiras por parte dos artistas, já que a arte postal se caracterizava justamente por seu desprendimento comercial, cuja propriedade era repassada para o destinatário por intermédio dos serviços de correio. Essa, porém, não é necessariamente a postura dos herdeiros desses artistas autodenominados "antiburgueses".

Mas as situações propostas não se subsumiriam à hipótese prevista no inciso VIII do art. 46 da LDA, segundo a qual não constitui ofensa aos direitos autorais a reprodução de obra de artes plásticas, desde que "a reprodução em si não seja o objetivo principal da obra nova e que não prejudique a exploração normal da obra reproduzida nem cause um prejuízo injustificado aos legítimos interesses dos autores"?

Não haveria um interesse público maior que o interesse privado dos autores, de assegurar o acesso dos bens culturais a todos os cidadãos? E quanto à responsabilidade das instituições públicas de preservar seus acervos? A restrição imposta pelos autores não estaria de certa forma inviabilizando a finalidade para a qual foram criados os museus e instituições culturais?

O repertório de jurisprudência dos tribunais brasileiros demonstra que há uma tendência de enfrentamento dessa questão com base no reconhecimento da necessidade de interpretação sistemática e teleológica do enunciado do art. 46 da Lei nº 9.610/1998 à luz das limitações estabelecidas pela própria lei especial, assegurando a tutela de direitos fundamentais, como o direito à cultura e à educação, e princípios constitucionais, em colisão com os direitos do autor.

Em relação às demandas envolvendo reprodução de obras de arte utilizadas para finalidades comerciais, como não poderia deixar de ser, as decisões são majoritariamente favoráveis aos demandantes, titulares dos direitos de autor que se sentem prejudicados com a utilização de suas obras sem a devida autorização.[1]

---

[1] Ap. Civ. nº 289.480-4/3-00, 8ª Câm. Direito Privado, relator Luiz Ambra, em 15 de dezembro de 2005; Ap. Civ. nº 460.868-4/0-00, 2ª Câm. Direito Privado, relator Boris Kaufmann, em 27 de fevereiro de 2007; Apelação nº 0163023-79.2010.8.26.0000, 1ª Câm. Direito Privado, relator Luiz Antonio de Godoy, em 29 de janeiro de 2013.

Porém, de maneira geral, verificam os tribunais a necessidade de utilização, como critério para a identificação das restrições e limitações, da regra do teste dos três passos (*three-step test*), disciplinada pela Convenção de Berna e pelo Acordo OMC/TRIPS.

Em decisão primorosa, o Superior Tribunal de Justiça deu provimento ao recurso especial impetrado pela Mitra Arquidiocesana de Vitória contra o Escritório Central de Arrecadação e Distribuição (Ecad), em que a controvérsia girava em torno da possibilidade de cobrança de direitos autorais da entidade religiosa pela realização de execuções musicais e sonorizações ambientais em escola, na realização de evento religioso, sem fins lucrativos e com entrada gratuita (REsp nº 964.404/ES. Relator: ministro Paulo de Tarso Sanseverino. 2007/0144450-5). Pela relevância, transcreve-se trecho considerável do voto do relator:

> Ora, se as limitações de que tratam os arts. 46, 47 e 48 da Lei 9.610/98 representam a valorização, pelo legislador ordinário, de direitos e garantias fundamentais frente ao direito à propriedade autoral, também um direito fundamental (art. 5º, XXVII, da CF), constituindo elas – as limitações dos arts. 46, 47 e 48 – o resultado da ponderação destes valores em determinadas situações, não se pode considerá-las a totalidade das limitações existentes.
>
> Neste exato sentido, também considerando as limitações da Lei 9.610/98 meramente exemplificativas, Leonardo Macedo Poli, já citado, e Allan Rocha de Souza (*A Função Social dos Direitos Autorais: uma interpretação civil-constitucional dos limites da proteção jurídica: Brasil: 1988-2005*. Campos dos Goytacazes: Ed. Faculdade de Direito de Campos, 2006).
>
> Saliento que a adoção de entendimento em sentido contrário conduziria, verificada a omissão do legislador infraconstitucional, à violação de direito ou garantia fundamental que, em determinada hipótese concreta, devesse preponderar sobre o direito de autor.
>
> Conduziria ainda ao desrespeito do dever de otimização dos direitos e garantias fundamentais (art. 5º, § 1º, da CF), que vinculam não só o Poder Legislativo, mas também o Poder Judiciário.

Portanto, o âmbito de proteção efetiva do direito à propriedade autoral ressai após a consideração das limitações contidas nos arts. 46, 47 e 48 da Lei 9.610/98, interpretadas e aplicadas de acordo com os direitos e garantias fundamentais, e da consideração dos próprios direitos e garantias fundamentais.

Valores como a cultura, a ciência, a intimidade, a privacidade, a família, o desenvolvimento nacional, a liberdade de imprensa, de religião e de culto devem ser considerados quando da conformação do direito à propriedade autoral.

A mesma linha de raciocínio vem sendo adotada em decisões mais recentes, que reconhecem que o rol de limitações previsto no referido art. 46 não seria exaustivo, ampliando-se o âmbito de proteção dos valores culturais.[2]

Patrimônio cultural e acesso aos bens culturais

A evolução da humanidade sempre esteve ligada ao desenvolvimento da cultura que, de geração em geração, é transmitida e enriquecida por novos conhecimentos e valores humanos. Teresa Cristina Rego (2008:41), educadora da Universidade de São Paulo, analisa que

> as características tipicamente humanas não estão presentes desde o nascimento do indivíduo, nem são mero resultado das pressões do meio externo. Elas resultam da interação dialética do homem e seu meio sociocultural. Ao mesmo tempo em que o ser humano transforma o seu meio para atender suas necessidades básicas, transforma-se a si mesmo. Em outras palavras, quando o homem modifica o ambiente através de seu próprio comportamento, essa mesma modificação vai influenciar seu comportamento futuro.

---

[2] Tribunal Regional Federal da Segunda Região, Oitava Turma Especializada, Ap. Cível nº 199251010556022/RJ, 2 de dezembro de 2009; Superior Tribunal de Justiça, Terceira Turma, Resp nº 1.320.007/SE, 4 de junho de 2013; Superior Tribunal de Justiça, Agr em Resp nº 270.923/SP, 2012/0255566-9, 27 de maio de 2015.

Não seria razoável supor, no mundo globalizado, que a riqueza de um país e de seu povo fosse medida apenas a partir de bens tangíveis e corpóreos. Ao contrário, nunca o conhecimento, a informação e a criatividade humana foram tão valorizados como elementos diretamente vinculados à geração de riquezas e ao desenvolvimento de uma nação.

A importância da cultura e a preservação de sua diversidade já haviam sido reconhecidas pela Declaração Universal sobre a Diversidade Cultural aprovada pela Unesco, em 2 de novembro de 2001. A ideia principal contida no texto da Convenção da Unesco é a de que toda nação civilizada, comprometida minimamente com certos padrões de dignidade humana, desenvolvimento e justiça social não pode se furtar ao amparo, reconhecimento e preservação de sua cultura.

Além da mencionada Convenção da Unesco, outros tratados internacionais de direitos culturais foram firmados e ratificados pelo Brasil, entre os quais destacam-se a Convenção Relativa às Medidas a Serem Adotadas para Proibir e Impedir a Importação, Exportação e Transferência de Propriedades Ilícitas sobre Bens Culturais; a Convenção para Proteção do Patrimônio Mundial, Natural e Cultural; a Convenção para Salvaguarda do Patrimônio Cultural Imaterial; a Declaração Universal sobre Diversidade Cultural; a Convenção para Promoção e Proteção da Diversidade Cultural; e o Acordo TRIPS – Acordo sobre Aspectos do Direito de Propriedade Intelectual Relacionados ao Comércio.

A vinculação entre os conceitos de nação, cidadania e cultura levou o constitucionalista alemão Peter Häberle (1998:24-25) a desenvolver um raciocínio a partir da análise de diversos textos constitucionais, que chama de "direito constitucional cultural", para concluir que a cultura constitui o "quarto" elemento do Estado, já que esse se define também por sua cultura.

Se partirmos da premissa de que toda produção cultural é garantida pela acumulação de ideias, transmitidas de uma para outra geração, o patrimônio cultural serve como uma espécie de alicerce sobre o qual a civilização como um todo se edifica e evolui.

Ótima definição sobre patrimônio cultural foi dada pelo jurista português Carlos Adérito Teixeira (2004), que o conceitua como o alicerce de construção de um país; o espaço de independência cultural de um povo; seu modo específico de resistência à importação de modelos de cultura de massa; uma fonte de diálogo do homem consigo próprio e com a sua comunidade, revelando-se como a ponte que liga o presente ao futuro, através do passado.

A Constituição Federal, em seu art. 216, conferiu ao patrimônio cultural o tratamento devido, assegurando proteção legal abrangente.

> Art. 216. Constituem patrimônio cultural brasileiro os bens de natureza material e imaterial, tomados individualmente ou em conjunto, portadores de referência à identidade, à ação, à memória dos diferentes grupos formadores da sociedade brasileira, nos quais se incluem:
> I - as formas de expressão;
> II - os modos de criar, fazer e viver;
> III - as criações científicas, artísticas e tecnológicas;
> IV - as obras, objetos, documentos, edificações e demais espaços destinados às manifestações artístico-culturais;
> V - os conjuntos urbanos e sítios de valor histórico, paisagístico, artístico, arqueológico, paleontológico, ecológico e científico.

No art. 215 assegura que "o Estado garantirá a todos o pleno exercício dos direitos culturais e acesso às fontes da cultura nacional, e apoiará e incentivará a valorização e a difusão das manifestações culturais".

Observe-se que o texto constitucional é claro quanto à valoração jurídica do patrimônio cultural, impondo à administração pública uma política de preservação que garanta aos cidadãos o direito à cultura. Percebeu o constituinte que o cerceamento do acesso às fontes culturais ocasiona verdadeira lacuna existencial de consequências incalculáveis para a formação das pessoas, impedidas de se relacionar com o legado do patrimônio cultural da nação a que pertencem.

Como vemos, a preservação do patrimônio cultural não se apresenta na atual conjuntura como uma alternativa, mas sim como uma imposição de natureza político-administrativa, como uma necessidade de incorporar a cultura como elemento estratégico das políticas de desenvolvimento nacional.

Função social do direito autoral

Como já destacado, o direito autoral, do ponto de vista patrimonial, consiste no direito de propriedade do titular sobre as criações intelectuais e, consequentemente, no direito de utilização econômica do bem. É o direito de exploração e remuneração das utilizações de determinada criação intelectual.

Como direito patrimonial que é, qualquer análise que se faça deve ser levada a efeito segundo a ótica constitucional do direito de propriedade. O conceito de propriedade *lato sensu* foi se transformando, sobretudo após a Revolução Francesa, passando a ser equiparado ao direito à liberdade e, nessa condição, sendo considerado direito inviolável dos indivíduos, oponível a todos, inclusive ao Estado.

Relativizando essa visão privatista, Augusto Comte lançou as bases do pensamento sobre a função social da propriedade; porém foi por outro filósofo francês, Leon Duguit, que o direito público brasileiro foi profundamente influenciado e o conceito de propriedade foi transformado, passando a ser entendido não mais como direito subjetivo, mas como função social, impositiva de deveres, obrigações e ônus.

A função social aparece positivada após a I Guerra Mundial, quando a Constituição de 1919, de Weimar, na Alemanha, firmou o conceito de que "a propriedade obriga. Seu uso constituirá, também, um serviço para o bem comum".

No art. 5º, XXII, da Constituição Federal brasileira, é garantido o direito de propriedade e no inciso XXIII do mesmo artigo é assegurada a função social desta. Logo, o direito atribuído ao proprietário de usar, gozar e dispor do bem está invariavelmente limitado pelo princípio constitucional da função social da propriedade, tornando-se, pois, impossível pensar nesse direito sem considerar a coletividade. Também no título VII, que se refere à ordem econômica e financeira, tem-se entre os princípios destinados a assegurar uma existência digna o da função social da propriedade. Importante notar que a Constituição Federal não promove a extinção do direito de propriedade, mas sim o exercício dela em prol da coletividade. Assim, partindo da premissa anteriormente afirmada, é possível concluir que o titular de um bem de interesse sociocultural também está sujeito a observar as limitações derivadas do necessário respeito ao direito coletivo na respectiva preservação e acesso. Nesse viés, adota-se a posição de Luiz Gonzaga Adolfo (2009:83-84), para quem o direito autoral

> está umbilicalmente ligado à consecução de uma sociedade mais justa, especialmente a partir da liberdade de expressão como princípio constitucional consagrado no ordenamento político-constitucional pátrio, e, ainda, do necessário acesso da população à educação, à cultura e à informação como direitos indispensáveis à dignidade humana e à cidadania plena.

Como já verificado nos tópicos anteriores, há hoje um conflito de interesses no que concerne ao direito autoral que se traduz nas seguintes posições: de um lado encontra-se o autor, que despendeu sua energia intelectual e criatividade para produzir uma obra artística e que, portanto, deve ter o direito de explorar os proventos correspondentes à sua utilização, bem como ter os direitos personalíssimos advindos dessa criação preservados; por outro lado, há o fato de que este mesmo autor retirou do acervo cultural da humanidade os elementos com que produziu sua obra, surgindo daí o direito da coletividade de desfrutar dela, justamente para que o círculo inventivo se complete.

Os mecanismos legais de limitação à exclusiva do autor vêm se mostrando ineficientes para atender ao princípio constitucional do acesso às fontes da cultura nacional.

Em tempos de modernização pela internet, em que há um processo irreversível de possibilidades de difusão da informação pela via virtual, óbvia é a necessidade de revisão de conceitos jurídicos para que se dê a harmonização entre direitos autorais e direito à cultura, à educação e à informação.[3]

Situação enfrentada pelas instituições museológicas

As obras de arte, tradicionalmente, ficam alocadas em reservas técnicas de instituições museológicas, cuja finalidade, em síntese, é a aquisição, conservação e extroversão de seu acervo para o público em geral.

Um museu é, na definição do International Council of Museums (ICOM, 2001),

> uma instituição permanente, sem fins lucrativos, a serviço da sociedade e do seu desenvolvimento, aberta ao público e que adquire, conserva, investiga, difunde e expõe os testemunhos materiais do homem e de seu entorno, para educação e deleite da sociedade.[4]

De acordo com Política Nacional de Museus, que lançou, em 2003, as bases da política do governo federal para o setor, os museus, mais do que instituições estáticas, são "processos a serviço da sociedade" e são instâncias fundamentais para o aprimoramento da democracia, da inclusão social, da construção da identidade e do conhecimento e da percepção crítica da realidade. Para nortear as ações dos museus, a Política Nacional de Museus apresenta sete eixos programáticos, entre os quais os que mais interessam a este trabalho são a democratização e acesso aos bens culturais e a informatização de museus.

Já o Iphan, instância superior do patrimônio histórico e artístico brasileiro, dá a seguinte definição:

---

[3] No mesmo sentido, entende Rodrigo Moraes (2006:263-264): "O princípio constitucional da função social, portanto, não deve se exaurir nas limitações previstas nos arts. 46 a 48 da LDA-98, que, sem dúvida, são insuficientes para regular, de forma democrática, a utilização de obras intelectuais na era das novas tecnologias. A aplicação do princípio da funcionalização exige uma profunda releitura das limitações legais".

[4] Disponível em: <https://pt.wikipedia.org/wiki/International_Council_of_Museums>. Acesso em: 14 ago. 2017.

O museu é uma instituição com personalidade jurídica própria ou vinculada a outra instituição com personalidade jurídica, aberta ao público, a serviço da sociedade e de seu desenvolvimento e que apresenta as seguintes características:
[...]
V - a democratização do acesso, uso e produção de bens culturais para a promoção da dignidade da pessoa humana; [...][5]

Na era contemporânea, longe de desempenhar função de passivos depositários de acervos, os museus passaram a assumir um papel importante na interpretação da cultura e na educação do homem, no fortalecimento da cidadania e da inclusão social.

Porém o desafio enfrentado pelas instituições detentoras de acervos públicos é bastante complexo, pois envolve, além das questões técnicas de conservação e preservação das peças museológicas – que devem ser mantidas não somente para a geração que as constituiu, mas para várias gerações à frente –, também todas as negociações com artistas e seus herdeiros para fazer frente às restrições impostas pela LDA em relação ao uso e reprodução dos acervos.

A extração de cópias para preservação dos acervos é medida que se impõe para seu usufruto futuro. Contudo, de acordo com o art. 29 da LDA, é proibida a reprodução não autorizada de qualquer obra intelectual, parcial ou integralmente. Não auxilia também a regra das limitações ao direito do autor, prevista no art. 46 da mesma lei, que não contempla a hipótese de reprodução para fins de preservação da obra, criminalizando condutas que deveriam ser triviais no universo das instituições museológicas.

Ainda que se busque amparo na leitura sistemática do enunciado normativo do art. 46 à luz da Constituição Federal, assegurando a tutela de direitos fundamentais e princípios constitucionais em colisão com os direitos do autor; ainda que se busque legitimação utilizando

---

[5] Iphan. Apresentação. Disponível em: <portal.iphan.gov.br/files/questionario_cadastro_nacional_de_museus.doc>. Acesso em: 17 abr. 2015.

como critério, para a identificação das restrições e limitações, a regra dos três passos, não há segurança jurídica a garantir a ação dos museus.

Basta isso para vedar qualquer forma de digitalização das obras de artes plásticas, uma vez que, procedendo desse modo, a instituição e seus responsáveis se tornam sujeitos de um delito civil e penal, independentemente da finalidade ou fim justificado que tenham.

Assim considerado, como assegurar às instituições museológicas o cumprimento de sua função primordial de democratização do acesso aos bens culturais, diante das barreiras impostas pelo sistema adotado pela LDA?

Muitos são os exemplos de acervos que permanecem enclausurados em reservas técnicas em função das dificuldades encontradas pelas instituições para reproduzi-los, respeitando-se as regras privatistas da LDA. De acordo com o artigo publicado no jornal O *Estado de S. Paulo*, quase 80% do acervo digitalizado pelo Google Books não pode ser colocado na web por causa de direitos autorais. A Brasiliana, biblioteca digital da USP, não pôde digitalizar obras raras de Guimarães Rosa. A Cinemateca Brasileira assiste, sem ter o que fazer, o tempo destruir o original do filme *A hora e a vez de Augusto Matraga* (1965), de Leonardo Villar, porque os herdeiros estão brigando por quanto vão cobrar para permitir a digitalização da obra.[6]

A julgar pela quantidade de congressos e seminários internacionais discutindo a flexibilização das regras de direito autoral, pode-se verificar que o problema não se restringe ao Brasil.

Os países da Comunidade Europeia transpuseram para suas legislações autorais as bases da Diretiva nº 2001/29/CE, do Parlamento Europeu, relativa à harmonização de certos aspectos do direito de autor e dos direitos conexos na sociedade da informação. Em relação ao direito de reprodução das obras de arte, contudo, mantém-se a postura extremamente privatista advinda da legislação francesa, cuja indústria cultural é fortemente marcada pela comercialização de objetos de arte.

---

[6] Tatiana de Mello Dias. *Copyright*: a batalha. 2 maio 2010. Disponível em: <http://link.estadao.com.br/noticias/geral,copyright-a-batalha,10000044376 >. Acesso em: 14 ago. 2017.

Mais recentemente, porém, a Diretiva nº 2012/28/UE, conhecida como Diretiva de Obras Órfãs – aquelas cujo titular de direitos não foi identificado ou, mesmo quando identificado, não foi localizado –, ampliou as hipóteses de limitação para além das previstas na Diretiva nº 2001/29/CE, assegurando a possibilidade de utilização dessas obras por bibliotecas, estabelecimentos de ensino e museus acessíveis ao público. Com efeito, a diretiva autoriza a reprodução e colocação das obras órfãs à disposição do público, desde que essa utilização cumpra as missões de interesse público, particularmente a preservação e o restauro das suas coleções, e a oferta de acesso cultural e educativo às mesmas, incluindo as coleções digitais.

Em 2006, o Ministério da Cultura (MinC) brasileiro realizou um levantamento inédito sobre a postura adotada pelos órgãos oficiais responsáveis pela cultura em relação ao tema de direitos autorais e as novas tecnologias, enviando perguntas aos países-membros da Rede Internacional de Políticas Culturais (RIPC).[7]

O estudo consolidou e analisou as respostas do questionário "Direitos autorais, acesso à cultura e novas tecnologias: desafios em evolução à diversidade cultural" dos seguintes países-membros da RIPC: África do Sul, Alemanha, Angola, Bélgica, Brasil, Canadá, Colômbia, Croácia, Cuba, Dinamarca, Espanha, Estônia, Filipinas, Finlândia, França, Geórgia, Grécia, Islândia, Letônia, México, Noruega, Portugal, Reino Unido, Senegal, Suécia e Suíça.

Em relação às exceções e limitações a direitos autorais previstas em alguns países que responderam ao questionário, é visível que os países desenvolvidos possuem um rol de limitações e exceções muito mais amplo do que aquele de que dispõem, em suas legislações, os países em via de desenvolvimento. Ou seja, os países em desenvolvimento, em geral, são aqueles que apresentam uma legislação autoral mais restritiva, com ausência de mecanismos legais que facilitem o acesso da população às obras intelectuais protegidas, e compatível

---

[7] *Direitos autorais, acesso à cultura e novas tecnologias*: desafios em evolução à diversidade cultural. Estudo preparado pelo Ministério da Cultura com a colaboração do Centro de Tecnologia e Sociedade (CTS) e a Fundação Getulio Vargas (FGV). Rio de Janeiro, 2006.

com o estágio de desenvolvimento econômico e social em que se encontram.

Há, portanto, um nítido contrassenso. Justamente os países que precisam promover de forma mais acentuada o acesso à informação, à cultura e ao conhecimento em geral são os que possuem legislação mais restritiva. Tais países deveriam implementar em suas legislações, no mínimo, todas as flexibilidades previstas na Convenção de Berna e no Tratado TRIPS.

Por outro lado, um gráfico apontou que 92% dos países pesquisados não consideraram as limitações e exceções como direitos propriamente ditos, mas sim meras exceções. Ou seja, para a maioria esmagadora dos países, as limitações e exceções não são consideradas direitos do usuário.

Em síntese, a conclusão a que se chegou foi de que as legislações nacionais desses países refletem um movimento de expansão da duração da proteção, do escopo e do alcance das regras relativas a direitos de autor e direitos conexos verificado em todo o mundo, movimento esse que ocorreu em prejuízo do direito de acesso à cultura, à informação e ao conhecimento por parte dos membros da comunidade. No entanto, a situação parece ser pior para os países em desenvolvimento, onde as regras de direitos autorais são mais rígidas do que nos países desenvolvidos.

O resultado da pesquisa reforçou que há necessidade premente de mudanças na política cultural mundial em relação à flexibilização dos direitos autorais para que se cumpra efetivamente sua função social.

Nessa perspectiva, muitas questões relevantes foram colocadas no estudo e merecem ser mais bem debatidas:

- Como impedir que os Direitos Autorais aumentem os desequilíbrios entre países ricos e pobres face às novas tecnologias de informação e de comunicação? Como permitir o acesso equitativo, por meio das novas tecnologias, a uma gama rica e diversificada de expressões culturais procedentes de todas as partes do mundo e o acesso das culturas aos meios de expressão e difusão sem ferir os Direitos Autorais?

- Como fazer com que os Direitos Autorais não impeçam o fomento do diálogo entre as culturas e garantam intercâmbios culturais mais amplos e equilibrados no mundo, bem como fortaleçam a cooperação e a solidariedade internacionais em um espírito de colaboração com vistas a reforçar as capacidades dos países em desenvolvimento, particularmente de seus meios de expressão cultural e de suas indústrias culturais?
- Como garantir a proteção das obras intelectuais no entorno digital?
- É viável a aplicação das regras de Direitos Autorais, em sua forma tradicional, no entorno digital?
- Como compatibilizar o que diz a Convenção sobre a Proteção e Promoção da Diversidade das Expressões Culturais com o sistema internacional de Direitos Autorais?
- Como garantir a livre circulação das ideias por meio da palavra e da imagem, os intercâmbios e as interações constantes entre as culturas de forma mutuamente proveitosa, se os Direitos Autorais muitas vezes impõem custos aos países em desenvolvimento que impedem tais práticas?
- Como desenvolver a cultura para o progresso da sociedade em geral por meio da interação e da criatividade, se as iniciativas que visam a estimulá-las são vistas como atentados a direitos cristalizados no tempo?
- Como superar os riscos de desequilíbrios entre países ricos e pobres face às novas tecnologias de informação e de comunicação, se o Sistema de Direitos Autorais impõe regras a tais tecnologias que desestimulam a interação entre as culturas?
- Como permitir o acesso equitativo a uma gama rica e diversificada de expressões culturais procedentes de todas as partes do mundo e o acesso das culturas aos meios de expressão e difusão, se isso implica seguir um Sistema de Direitos Autorais que impõe barreiras e custos pesados a tais acessos?
- Como sustentar e apoiar os artistas e as demais pessoas que participam na criação de expressões culturais, se as normas relativas aos Direitos de Autor e Direitos Conexos perderem o equilíbrio entre a criação e a produção?

- Como fomentar o diálogo entre as culturas e garantir intercâmbios culturais mais amplos e equilibrados no mundo, bem como fortalecer a cooperação e a solidariedade internacionais em um espírito de colaboração com vistas a reforçar as capacidades dos países em desenvolvimento, particularmente de seus meios de expressão cultural e de suas indústrias culturais, sem garantir o equilíbrio entre os direitos conferidos pelo Sistema de Direitos Autorais e o interesse público em geral?
- Como estimular a criatividade, que depende do acesso a ideias, a estudos e à cultura de outros, no presente e no passado, se as leis que regulam o Sistema de Direitos Autorais o tornaram um fim em si mesmo? [Brasil, 2006:35-36]

A resposta a essas questões pode ser encontrada na Declaração Universal dos Direitos Humanos, que em seu Artigo 27 estabelece que a proteção dos interesses morais e materiais dos autores de obras científicas, literárias e artísticas deve estar equilibrada com o direito de toda pessoa de participar livremente da vida cultural de sua comunidade, de fruir as artes e de participar do progresso científico e de seus benefícios. É justamente este equilíbrio a chave para a compatibilização da Convenção sobre a Proteção e Promoção da Diversidade das Expressões Culturais e o Sistema de Direitos Autorais, permitindo que este sistema sirva, realmente, para estimular a criatividade e a inovação, atendendo a fins sociais e econômicos, e não seja um fim em si mesmo, devendo ser limitado no tempo e sua duração não devendo ir além do que seja justo e necessário [Brasil, 2006:8].

A reforma da Lei de Direitos Autorais

Uma reforma da Lei de Direitos Autorais começou a ser debatida em 2004. Três anos depois, o então ministro da Cultura, Gilberto Gil, lançou o Fórum Nacional de Direito Autoral, cujo objetivo era discutir com a sociedade a necessidade de revisar a lei. O governo promoveu oito seminários nacionais, um internacional e mais de 80 reuniões.

O anteprojeto de lei resultante foi objeto de consulta pública pelo Ministério da Cultura de 14 de junho a 31 de agosto de 2010. Foram recebidas mais de 8 mil sugestões.

Em relação às possibilidades de utilização das obras por terceiros, a proposta final de revisão da LDA apresentou uma nova redação ao art. 46, buscando promover o equilíbrio entre interesses públicos e privados. Eis o texto proposto,[8] com as alterações em relação à reprodução das obras:

> O CONGRESSO NACIONAL decreta:
> [...]
> Art. 3º. Na interpretação e aplicação desta Lei atender-se-á às finalidades de estimular a criação artística e a diversidade cultural e garantir a liberdade de expressão e o acesso à cultura, à educação, à informação e ao conhecimento, harmonizando-se os interesses dos titulares de direitos autorais e os da sociedade.
> [...]
> Art. 46. Não constitui ofensa aos direitos autorais a utilização de obras protegidas, dispensando-se, inclusive, a prévia e expressa autorização do titular e a necessidade de remuneração por parte de quem as utiliza, nos seguintes casos:
> [...]
> XIII - a reprodução necessária à conservação, preservação e arquivamento de qualquer obra, sem finalidade comercial, desde que realizada por bibliotecas, arquivos, centros de documentação, museus, cinematecas e demais instituições museológicas, na medida justificada para atender aos seus fins;
> [...]
> XVI - a comunicação e a colocação à disposição do público de obras intelectuais protegidas que integrem as coleções ou acervos de bibliote-

---

[8] Projeto de lei que altera e acresce dispositivos à Lei nº 9.610, de 19 de fevereiro de 1998, que altera, atualiza e consolida a legislação sobre direitos autorais e dá outras providências. Consulta pública. Disponível em: <www.planalto.gov.br/ccivil_03/consulta_publica/DireitosAutorais.htm>. Acesso em: 31 dez. 2016.

cas, arquivos, centros de documentação, museus, cinematecas e demais instituições museológicas, para fins de pesquisa, investigação ou estudo, por qualquer meio ou processo, no interior de suas instalações ou por meio de suas redes fechadas de informática;
[...]
XVIII - a reprodução e qualquer outra utilização de obras de artes visuais para fins de publicidade relacionada à exposição pública ou venda dessas obras, na medida em que seja necessária para promover o acontecimento, desde que feita com autorização do proprietário do suporte em que a obra se materializa, excluída qualquer outra utilização comercial.
Parágrafo único. Além dos casos previstos expressamente neste artigo, também não constitui ofensa aos direitos autorais a reprodução, distribuição e comunicação ao público de obras protegidas, dispensando-se, inclusive, a prévia e expressa autorização do titular e a necessidade de remuneração por parte de quem as utiliza, quando essa utilização for:
I - para fins educacionais, didáticos, informativos, de pesquisa ou para uso como recurso criativo; e
II - feita na medida justificada para o fim a se atingir, sem prejudicar a exploração normal da obra utilizada e nem causar prejuízo injustificado aos legítimos interesses dos autores.

Como se vê, a proposta de revisão da LDA ampliava o círculo das limitações e exceções aos direitos autorais, buscando acabar com os problemas levantados neste trabalho que impedem a circulação e preservação das obras de arte.

Os itens acrescentados ao art. 46 da lei ampliavam as possibilidades de atuação das instituições museológicas, já que autorizavam a livre digitalização das obras que compõem seus acervos para inserção em site institucional, democratizando o conhecimento e permitindo o acesso globalizado ao patrimônio cultural.

Também punham fim ao problema de deterioração de obras pela limitação da vida útil do suporte original, permitindo a digitalização para sua preservação sem a necessidade de autorização prévia do titular dos direitos autorais.

Portanto, se houvesse sido aprovado o projeto de lei, passaria a ser livre não apenas a própria tarefa de digitalização para fins de conservação, mas também para acesso dos usuários dessas instituições, seja no interior destas ou de suas redes fechadas.

Além disso, propunha cláusula genérica, permitindo adaptação a circunstâncias novas, não previstas expressamente, o que resulta em um ganho extraordinário em maleabilidade para as limitações e exceções aos direitos autorais.

A cláusula geral já se encontra no art. 13 do Acordo ADPIC/TRIPS, que generalizou o critério adotado pelo art. 9/2 da Convenção de Berna, admitindo restrições em "casos especiais que não obstem à exploração normal da obra e não prejudiquem de forma injustificável os legítimos interesses do autor".

É, portanto, salutar que a ordem jurídica brasileira adite à lista de limitações e exceções esta cláusula geral, que permite enquadrar outras circunstâncias que seriam impossíveis de ser previstas individualmente, como vem demonstrando a realidade diante da revolução tecnológica.

Porém, após anos de debates e alterações, o projeto ainda não foi votado. Diversos fatores podem ser apontados para justificar tamanho atraso. Em texto publicado na página do Creative Commons Br, Mariana Valente e Pedro Mizukami sugerem, por exemplo, que o fato de o projeto de lei do Marco Civil da Internet, que lida com, entre outros temas, neutralidade de rede e responsabilidade de intermediários, ter transferido à reforma da Lei de Direitos Autorais o debate sobre a responsabilidade nos casos de infração a direito autoral acabou por ampliar mais a controvérsia em tema tão polêmico.[9]

As eleições presidenciais de 2014 também foram apontadas como um fator para o atraso.

Outro fator complicador foi o fato de a regulação da gestão coletiva ter sido aprovada separadamente dos demais pontos da reforma da LDA. A atual Lei nº 12.853/2013, que contém disposições para

---

[9] Atual Lei Federal nº 12.965, de 23 de abril de 2014.

dar mais eficiência e transparência na administração de direitos de execução pública, acabou por excluir potenciais agentes de pressão para aprovação da reforma.

Atualmente, o projeto de reforma da Lei de Direitos Autorais está paralisado, correndo o risco de ser sepultado definitivamente, sobretudo se levarmos em conta o processo de *impeachment* que afastou a presidente Dilma Rousseff do poder. O presidente interino, Michel Temer, já demonstrou pouco apreço às questões culturais. Um dos primeiros atos após a posse foi a extinção do Ministério da Cultura, fundindo a pasta com o Ministério de Educação. Diante da pressão por parte da sociedade e da classe artística, que ocupou diversos prédios do MinC em protesto, o presidente em exercício decidiu reverter a decisão e devolver à cultura o *status* de ministério.

Considerações finais

Nas décadas de 1960 e 1970, correspondências trocadas entre artistas plásticos e enviadas pelos correios deram origem a uma forma de expressão da arte contemporânea: a arte postal (*mail art*). No Brasil, a arte postal chegou num momento de censura, quando muitos artistas, para poderem se expressar, enviavam suas obras pelos serviços postais.

Os correios, portanto, foram capazes de assegurar o papel de difusor de conteúdo cultural, por intermédio das artes postais, muito mais que as galerias e museus. Hoje em dia, o papel de disseminador das obras de arte cabe principalmente à internet, com alcance infinitamente maior, levando as obras a um público que não pode a elas ter acesso. O benefício à sociedade é inegável.

No entanto, esse não é necessariamente o ponto de vista dos artistas e de seus herdeiros, que muitas vezes preferem que suas obras permaneçam restritas a reservas técnicas, não autorizando sua divulgação na rede.

Acompanhando o pensamento de Walter Benjamin, entende-se que a reprodução técnica de uma obra de arte não é arte em si, mas sim um processo de massificação do produto artístico com intuito de disseminação. Os ambientes virtuais que apresentam as reproduções das obras de arte são espaços de exposição das imagens das obras e não das obras em si, não diminuindo, portanto, seu valor intrínseco. O maior valor da disseminação virtual é mediar a arte e o público, incentivando os usuários a aprofundar seus conhecimentos, bem como incentivando as pessoas a visitar os museus físicos para conhecerem as obras originais apresentadas no ambiente virtual. Não se verifica, portanto, prejuízo aos autores; ao contrário, agrega-se valor às suas obras com o maior conhecimento do público.

É interessante observar que em exposições recentes, museus têm estimulado os visitantes a fotografarem as obras e postarem nas redes sociais, tirando partido da nova tendência universal e inevitável de comunicação social. O Centro Cultural Banco do Brasil estimulou o registro fotográfico da exposição do holandês M. C. Escher, ocorrida em 2013, pioneira na onda de exposições que formam par perfeito com as redes sociais. Essa é a política também adotada no Museu da Imagem e do Som, cujas exposições de Stanley Kubrick e David Bowie viraram febres nas redes sociais. "Fotografar hoje é como respirar, não tem por que não deixar", diz André Sturm, diretor do MIS. "Enquanto uma exposição for uma experiência, o público vai querer compartilhar. Isso gera um grande boca a boca."[10]

A reprodução contínua de fotografias de exposições se tornou a maior estratégia de marketing do setor, já que funciona como publicidade gratuita para museus e galerias gerada via compartilhamento em redes sociais. O MacBa (Museu de Arte Contemporânea de Barcelona), por exemplo, não teve constrangimento em assumir. Colocou cartazes nas paredes incentivando o visitante a compartilhar imagens do museu nas redes. Essas mudanças vêm transformando a maneira de viver e de pensar, os hábitos e os valores. É um fenômeno que vai além dos aspectos econômicos. É preciso ter-se claro que justamente a difusão

---

[10] Disponível em: <estadao.com.br/noticias/geral,copyright-a-batalha,10000044376>. Acesso em: 14 ago. 2017.

e o acesso aos bens intelectuais pelo público é que vão produzir o patrimônio cultural da sociedade.

A sociedade em rede trouxe inúmeros benefícios no que se refere ao acesso à cultura e à educação, mas ao mesmo tempo muitos desafios, entre eles o dos direitos autorais, o que vem provocando importantes debates e estudos buscando subsídios para as questões de disponibilização de conteúdo na internet, especialmente estratégias efetivas para possibilitar a digitalização dos suportes físicos para registro, acesso e divulgação de conteúdo.

As regras vigentes que tutelam os direitos autorais foram criadas, concebidas e implantadas numa realidade anterior à sociedade globalizada da informação e, nesse sentido, a mudança da lei autoral se faz premente.

Não se trata de desvalorizar a arte ou os direitos dos artistas, mas, antes, justamente pelo reconhecimento da função da arte no desenvolvimento humano, de cuidar para que esse valor seja difundido e ampliado para desfrute de todos. O direito de autor tem de ser mantido, valorizado e estimulado, mas não o direito que enclausura a obra intelectual, que impede ou dificulta a extroversão do bem cultural.

Nesse novo ambiente tecnológico, é necessário que se alcance, com a revisão da lei, um ponto de equilíbrio entre os interesses públicos e privados. Contudo, mais do que isso, esse equilíbrio somente será possível com uma revisão dos paradigmas do direito autoral frente ao direito cultural. É importante que se entenda definitivamente que a digitalização do acervo de museus abre uma janela para o mundo, permitindo maior acesso ao patrimônio cultural enclausurado em reservas técnicas e, sobretudo, a melhor preservação de seus originais. Muitos museus de vários países têm enfrentado a questão promovendo uso público máximo de suas riquezas por meio da internet, porém, à custa de muita dificuldade.

Pedir as autorizações para os autores ou herdeiros, encontrar autores de obras órfãs e obter licenciamentos pode se mostrar uma tarefa não apenas difícil, como muito custosa. A instituição responsável pela digitalização acaba tendo duas opções: assumir os riscos tanto da digitalização quanto da disponibilização desses materiais, ou simplesmente não realizar a digitalização. As duas alternativas são bastante ruins e poderiam ser evitadas se a lei de fato contemplasse os aspectos de interesse público do sistema de proteção autoral.

O grande desafio, portanto, do direito da propriedade intelectual atual consiste em encontrar um equilíbrio satisfatório entre a proteção do direito autoral, suas implicações patrimoniais e morais e a liberdade de acesso aos bens culturais, sobretudo em razão dos novos instrumentos tecnológicos.

Referências

ADOLFO, Luiz Gonzaga Silva. Direito autoral e interesse público: uma breve discussão preliminar, à guisa de provocação. In: BOFF, Salete Oro; PIMENTEL, Luiz Otavio (Org.). *Propriedade intelectual, gestão da inovação e desenvolvimento*: patentes, marcas, software, cultivares, indicações geográficas, núcleos de inovação tecnológica. Passo Fundo: Imed, 2009.

BRASIL. Ministério da Cultura. Rede Internacional de Políticas Culturais (RIPC). *Direitos autorais, acesso à cultura e novas tecnologias*: desafios em evolução à diversidade cultural. Rio de Janeiro: MinC, 2006. Disponível em: <http://bibliotecadigital.fgv.br/dspace/bitstream/handle/10438/2671/estudo-minc-ripc-port.pdf?sequence=1>. Acesso em: 31 dez. 2016.

HÄBERLE, Peter. La protección constitucional y universal de los bienes culturales: un analisis comparativo. *Revista Española de Derecho Constitucional*, n. 54, p. 11-38, set./dez. 1998.

INSTITUTO BRASILEIRO DE MUSEUS (IBRAM). Política Nacional de Museus. *Relatório de Gestão 2003-2010*. Brasília: MinC/Ibram, 2010.

MORAES, Rodrigo. A função social da propriedade intelectual na era das novas tecnologias. Brasília: MinC, 2006. Col. Caderno de Políticas Culturais, v. 1: Direito autoral.

REGO, Teresa Cristina. *Vygotsky*: uma perspectiva histórico-cultural da educação. 19. ed. Petrópolis: Vozes, 2008.

TEIXEIRA, Carlos Adérito. *Da protecção do patrimônio cultural*. [S.l.: s.n.], [s.d.]. Disponível em: <www.diramb.gov.pt>. Acesso em: 17 set. 2004.

VALENTE, Mariana Giorgetti; MIZUKAMI, Pedro Nicoletti. *Copyright week*: o que aconteceu com a reforma do direito autoral no Brasil? Creative Commons Brasil. Centro de Tecnologia e Sociedade da FGV Direito Rio (CTS/FGV). Rio de Janeiro: FGV, 2014.

4

Os direitos autorais e sua relação com as bibliotecas e com a pesquisa brasileira

Bianca Amaro*

O abrigo da obra intelectual

O registro da primeira biblioteca do mundo ocidental data do século VII a.c., quando o rei da Babilônia, Assurbanipal, criou a Biblioteca de Nínive, nome da capital do Império Assírio (território iraquiano na atualidade). O acervo da biblioteca de Assurbanipal continha mais de 22 mil placas de argila, em escrita cuneiforme, sobre os mais variados assuntos.

Acredita-se que a Biblioteca Real de Alexandria (conhecida como Great Library) tenha sido fundada, na cidade de Alexandria, no século II a.C. por Ptolomeu II. De acordo com Heather Phillips, a concepção da Great Library foi de Alexandre, o Grande, e sua ideia era a de criar uma biblioteca que reunisse todo o conhecimento das nações que ele havia conquistado em um só lugar. Alexandre faleceu antes de ver sua biblioteca, mas Ptolomeu I, seu sucessor, deu início à sua construção. Ainda de acordo com Phillips, calcula-se que seu acervo era composto de 400 mil a 700 mil pergaminhos.

---

* Doutora em linguística aplicada pela Universidade Pompeu Fabra (1998), formada em direito e letras, atuando principalmente nos seguintes temas: comunicação científica, direitos autorais e acesso aberto à comunicação científica. Atualmente é coordenadora do Laboratório de Metodologias de Tratamento e Disseminação da Informação do Instituto Brasileiro de Informação em Ciência e Tecnologia (IBICT).

A preocupação do homem em organizar, armazenar e preservar o conhecimento dos povos em bibliotecas data de tempos imemoriais. As civilizações foram evoluindo e foram surgindo cada vez mais bibliotecas. Assim o homem podia compreender, principalmente quando as bibliotecas passaram a disponibilizar seus acervos a todos, sua história e o desenvolvimento das mais diferentes áreas do conhecimento.

Sabe-se que ter acesso ao conhecimento anteriormente gerado leva à produção de novos conhecimentos. Consciente disso, Isaac Newton tornou célebre a citação: *"If I have seen further it is by standing on the shoulders of giants"*.[1] Os registros dos feitos, na grande maioria das vezes, estão nas bibliotecas, e estas sempre desempenharam o papel de "albergue do conhecimento".

Metaforicamente, entende-se a biblioteca como um templo do saber. Trata-se de um espaço dedicado ao conhecimento. Milanese (2002) afirma que esse espaço se viu criado e ampliado devido à proliferação de obras impressas, resultado da invenção dos tipos móveis, por parte de Gutemberg. Com o passar dos anos, o aumento da população mundial e um maior número de pessoas alfabetizadas levaram a um natural aumento de bibliotecas criadas, como também de material a ser organizado e preservado nesses espaços. O acervo das bibliotecas foi sendo ampliado, consolidando seu papel de guardiãs do conhecimento. Mullins e colaboradores (2011) consideram que as bibliotecas têm a missão profundamente arraigada de promover a criação e a difusão de conhecimento e preservá-lo por longo termo.

As características de uma biblioteca, com o avanço dos tempos, foram se modificando. Tornou-se mais acessível ao público em geral, criou formas e instrumentos para a organização e localização das obras, como também para sua preservação. Ainda que algumas bibliotecas possuam a aura de épocas passadas, os trabalhos que nelas são realizados também sempre se viram tocados pelo desenvolvimento tecnológico. E, tendo em vista a absorção dessas novas tecnologias de

---

[1] A autoria dessa citação é atribuída a Bernard de Chartres por John of Salisbury, em 1159, em sua obra *Metalogicon*.

informação e de comunicação, a biblioteca do século XXI rompeu as barreiras arquitetônicas, entrou na casa dos usuários e os acompanha aonde quer que vão, seja por meio de computadores pessoais ou até de dispositivos móveis.

Não obstante todas as transformações pelas quais passam as bibliotecas, uma característica que lhe é intrínseca, e nunca foi alterada, diz respeito a não ter, no realizar de suas atividades e serviços prestados, o intuito de lucro. As bibliotecas sempre foram construídas com o objetivo de ser espaços onde o conhecimento gerado pelo homem é organizado e preservado para uso, seja de um público especializado, específico ou geral. Definitivamente, as bibliotecas não são concebidas como locais para a comercialização de obras; trata-se de um espaço social do conhecimento tratado como um bem público.

Esta introdução serve para revelar um pequeno retrato histórico dos objetivos de uma biblioteca, que se mostra um organismo vivo em prol da memória e dos desenvolvimentos futuros.

É sobre esse organismo, de importância inconteste, sua relação com o direito autoral e sua implicação na pesquisa científica brasileira a análise que se seguirá.

A legislação sobre direito autoral

Para compreender o arcabouço legislativo que incide sobre as bibliotecas apresentaremos as leis e os tratados internacionais vigentes.

A ampliação da circulação das obras intelectuais e a ausência de um instrumento regulatório internacional, amplamente aceito, do direito autoral, principalmente que protegesse os criadores e a criação em território estrangeiro, motivaram a criação daquela que é a norteadora das legislações nacionais em 168 países signatários:[2] a Convenção de Berna.

---
[2] Informação, datada de junho de 2016, da página da Organização Mundial da Propriedade Intelectual. Disponível em: <www.wipo.int/treaties/en/ShowResults.jsp?country_id=ALL&search_what=B&bo_id=7>. Acesso em: 24 maio 2016.

Convenção de Berna[3]

O principal dispositivo legal internacional que se possui, até os dias atuais, para disciplinar o direito autoral é a Convenção de Berna (também conhecida como Convenção da União de Berna – CUB), criada em 1886, completada em Paris em 1896, revista em Berlim em 1908, completada em Berna em 1914, revista em Roma em 1928, em Bruxelas em 1948, em Estocolmo em 1967 e em Paris em 1971. A Convenção de Berna surge para regular os princípios mínimos de proteção autoral em nível internacional. Foi também base para o desenvolvimento das legislações nacionais sobre a matéria.[4]

Segundo Paranaguá e Branco (2009:17),

> o que de fato impressiona é que, apesar das constantes adaptações que sofreu em razão das revisões de seu texto [...], a Convenção de Berna, passados mais de 120 anos de sua elaboração, continua a servir de matriz para a confecção das leis nacionais (entre as quais a brasileira) que irão, no âmbito de seus Estados signatários, regular a matéria atinente aos direitos autorais.

Plínio Cabral (2003 apud Micelli, 2012:7) descreve os pontos básicos presentes na Convenção de Berna:

- estabelece o que é obra literária e artística: todas as produções no campo literário, científico e artístico, qualquer que seja o modo ou forma de expressão;
- apresenta os critérios para proteção autoral: protege-se a manifestação concreta do espírito criador, ou seja, aquilo que se materializa;

---

[3] O Brasil promulgou a Convenção de Berna para a Proteção das Obras Literárias e Artísticas, de 9 de setembro de 1886, revista em Paris em 24 de julho de 1971, em maio de 1975.

[4] A Convenção de Berna é, nos dias de hoje, salvaguardada pela Organização Mundial da Propriedade Intelectual (OMPI), organismo da Organização das Nações Unidas que tem por objetivo tratar de temas relacionados com serviços, políticas, cooperação e informação sobre propriedade intelectual. Ver: <www.wipo.int/about-wipo/es/>. Acesso em: 24 maio 2016.

- define o que é obra publicitária: "aquelas que foram editadas com o consentimento do autor, qualquer que seja o modo de fabricação dos exemplares, sempre que a quantidade posta à disposição do público satisfaça razoavelmente suas necessidades";
- declara que o "gozo e exercício desses direitos não estarão subordinados a nenhuma formalidade"; o autor é identificado perante os tribunais pelo seu nome aposto à obra, mesmo que seja um pseudônimo; ele está livre do controle governamental;
- fixa e define o país de origem: "aquele em que a obra foi publicada pela primeira vez";
- assegura o direito de adaptação, tradução autorizada, os direitos sobre as obras dramáticas e dramático-musicais;
- fixa o prazo de vigência dos direitos do autor após sua morte: 50 anos. Mas garante aos países signatários da Convenção o direito de aumentar esse prazo;
- divide, claramente, os direitos de autor em patrimoniais e morais, estes irrenunciáveis e inalienáveis, mesmo quando o autor cede definitivamente sua obra para exploração por terceiros;
- garante o direito à paternidade da obra e o privilégio de autor de impedir modificações de qualquer natureza;
- fixa limitações aos direitos do autor: cópias sem fins de lucro, citações, notícias de imprensa, divulgação dos fatos e informações gerais são livres;
- assegura o chamado "direito de suíte", ou seja, a participação do autor nos lucros da eventual revenda de sua obra.

Arpad Bogsch, diretor-geral da Organização Mundial da Propriedade Intelectual, no ano de 1978, em seu prefácio do *Guia da Convenção de Berna relativa à Proteção das Obras Literárias e Artísticas*, afirma:

> A experiência prova que o enriquecimento do patrimônio cultural nacional depende diretamente do nível de proteção concedido às obras literárias e artísticas; quanto mais esse nível é elevado, mais os autores

são encorajados a criar; quanto mais criações intelectuais existem, mais se amplia o esplendor do país; quanto mais produções no domínio literário e artístico existem, mais aumenta a importância dos auxiliares dessas produções que são as indústrias do espetáculo, do disco e do livro; e, afinal, o encorajamento à criação intelectual constitui uma das primeiras condições de qualquer promoção social, econômica e cultural [Bogsch, 1980, prefácio].

A opinião do então diretor-geral da OMPI se coaduna perfeitamente com as ideias que levaram à criação da organização, que, segundo o preâmbulo de seu convênio constitutivo:[5]

- deseja, a fim de estimular a atividade criadora, promover em todo o mundo a proteção da propriedade intelectual;
- deseja modernizar e tornar mais eficaz a administração das Uniões instituídas no campo da proteção da propriedade industrial e da proteção das obras literárias e artísticas.

Acordo sobre Aspectos dos Direitos de Propriedade Intelectual Relacionados ao Comércio – Trade-Related Aspects of Intellectual Property Rights (TRIPS)[6]

O Acordo sobre Aspectos dos Direitos de Propriedade Intelectual Relacionados ao Comércio (TRIPS) nasceu na chamada Rodada Uruguai de Negociações Comerciais Multilaterais.[7] Segundo Cícero Gontijo (2005):

Desde 1979, vinham os Estados Unidos demonstrando insatisfação com o que consideravam proteção insuficiente para a Propriedade Intelectu-

---

[5] Disponível em: <www.wipo.int/treaties/es/text.jsp?file_id=283997>. Acesso em: 24 maio 2016.
[6] O Brasil promulgou esse acordo por meio do Decreto nº 1.355/1994.
[7] A Rodada Uruguai resultou na criação da Organização Mundial do Comércio, que tem como uma de suas bases o Acordo sobre Aspectos dos Direitos de Propriedade Intelectual Relacionados ao Comércio.

al, e tentando transferir para o âmbito do GATT[8] (Acordo Geral sobre Tarifas e Comércio) as discussões no sentido de reforçar os mecanismos de proteção aos direitos dos titulares.[9]

O Acordo TRIPS[10] nasce do desejo de reduzir distorções e obstáculos ao comércio internacional. Em suas considerações iniciais, reconhece a "necessidade de promover uma proteção eficaz e adequada dos direitos de propriedade intelectual e assegurar que as medidas e procedimentos destinados a fazê-los respeitar não se tornem, por sua vez, obstáculos ao comércio legítimo".[11]

É importante mencionar aqui esse acordo, uma vez que, ademais de dispor sobre a aplicabilidade dos princípios básicos do GATT, o TRIPS trata dos acordos internacionais sobre propriedade intelectual e estipula os direitos de propriedade intelectual considerados adequados; determina medidas consideradas eficazes para fazer cumprir aqueles direitos; prevê mecanismos para a solução multilateral de controvérsias; e contém disposições transitórias, especialmente com relação à data de implementação do acordo.

Segundo Luiz Felipe Palmeira Lampreia (1995:259), o

> Acordo sobre Trips divide-se em três partes, a primeira contendo disposições gerais e princípios básicos, tais como tratamento nacional e uma cláusula de nação mais favorecida; a segunda discorrendo sobre cada um dos direitos, em sucessão (copyright, marcas, apelações geográficas, desenhos industriais, patentes etc.); e a terceira indicando as obrigações dos membros no sentido de estabelecer procedimentos e remédios no

---

[8] O General Agreement on Tariffs and Trade (Acordo Geral sobre Aduanas e Comércio ou Acordo Geral sobre Tarifas e Comércio) tem como objetivo harmonizar as políticas aduaneiras dos Estados signatários.

[9] Disponível em: <http://fdcl-berlin.de/publikationen/fdcl-veroeffentlichungen/fdcl-cicero-gontijo-as-transformacoes-do-sistema-de-patentes-maio-2005/fdcl-pt-cicero-gontijo-patentes-1/>. Acesso em: jul. 2017.

[10] Disponível em: <www.planalto.gov.br/ccivil_03/decreto/1990-1994/anexo/and1355-94.pdf>. Acesso em: 24 maio 2016.

[11] Disponível em: <www2.cultura.gov.br/site/wp-content/uploads/2008/02/ac_trips.pdf>. Acesso em: 24 maio 2016.

contexto de suas legislações nacionais para assegurar que os direitos sejam efetivamente protegidos e respeitados.

Declaração Universal dos Direitos Humanos

A Declaração Universal dos Direitos Humanos, idealizada após a devastação provocada pela II Guerra Mundial, foi proclamada pela Assembleia Geral das Nações Unidas, em 1948, como uma norma comum a ser alcançada por todos os povos e nações. É nesse diploma que é estabelecida, pela primeira vez, a proteção universal dos direitos humanos.[12] Trata-se de uma espécie de ordenamento mundial das relações humanas. Podemos encontrar, em seu art. 27, incisos 1 e 2, o tratamento a ser dado ao ser humano em relação à sua participação na vida cultural e científica, como também a previsão da proteção autoral, tal como se apresenta a seguir:

> 1. Todo ser humano tem o direito de participar livremente da vida cultural da comunidade, de fruir das artes e de participar do progresso científico e de seus benefícios.
> 2. Todo ser humano tem direito à proteção dos interesses morais e materiais decorrentes de qualquer produção científica literária ou artística da qual seja autor.

No universo jurídico, a regulação autoral sempre se apresentou como forma de proteção e incentivo à criação em busca de um bem maior. Assim ocorreu internacionalmente, por exemplo, no Estatuto da Rainha Ana (1710) que objetivou o *"encouragement of learned men to compose and write useful books"*,[13] na primeira lei sobre direitos autorais nos Estados Unidos da América (1790), intitulada "An Act for the Encouragement of Learning", no dispositivo constitucional

---

[12] Disponível em: <www.dudh.org.br/declaracao/>. Acesso em: 2 jun. 2016.
[13] Ver transcrição do texto original. Disponível em: <www.copyrighthistory.org/cam/tools/request/showRepresentation?id=representation_uk_1710&pagenumber=1_1&show=transcription>. Acesso em: 2 jun. 2016.

norte-americano que dispõe que o Congresso terá o poder de *"to promote the Progress of Science and useful Arts, by securing for limited Times to Authors and Inventors the exclusive Right to their respective Writings and Discoveries"* (Logie, 2011:150).

A busca por um ganho patrimonial com a proteção autoral sempre se viu mascarada pelo chamado incentivo à criação. Segundo Paranaguá e Branco (2009:16), "claramente, o alvorecer do direito autoral nada mais foi que a composição de interesses econômicos e políticos. Não se queria proteger prioritariamente a 'obra' em si, mas os lucros que dela poderiam advir".

Como veremos, a legislação brasileira não se apresenta de maneira diferente ao tempo em que assegura o direito privado (os direitos da tutela autoral).

Constituição da República Federativa do Brasil

Em termos de ordenamento nacional sobre a matéria temos na Constituição da República Federativa do Brasil de 1988 uma série de dispositivos que regulam o ambiente autoral, como também aqueles que são afetados por essa regulação. Interessante perceber a nítida dicotomia entre o interesse público e o interesse privado. O Estado toma para si preceitos e responsabilidades que terminam por colidir com a proteção autoral prevista. Destacamos abaixo os dispositivos citados.

TÍTULO II. DOS DIREITOS E GARANTIAS FUNDAMENTAIS
CAPÍTULO I. DOS DIREITOS E DEVERES INDIVIDUAIS E COLETIVOS
Art. 5º. Todos são iguais perante a lei, sem distinção de qualquer natureza, garantindo-se aos brasileiros e aos estrangeiros residentes no País a inviolabilidade do direito à vida, à liberdade, à igualdade, à segurança e à propriedade, nos termos seguintes:
[...]
XIV - é assegurado a todos o acesso à informação e resguardado o sigilo da fonte, quando necessário ao exercício profissional;
[...]

XXII - é garantido o direito de propriedade;
XXIII - a propriedade atenderá a sua função social;
[...]
XXVII - aos autores pertence o direito exclusivo de utilização, publicação ou reprodução de suas obras, transmissível aos herdeiros pelo tempo que a lei fixar;
XXVIII - são assegurados, nos termos da lei:
[...]
b) o direito de fiscalização do aproveitamento econômico das obras que criarem ou de que participarem aos criadores, aos intérpretes e às respectivas representações sindicais e associativas; [...]

Ressaltamos também:

TÍTULO VIII. DA ORDEM SOCIAL
[...]
CAPÍTULO III. DA EDUCAÇÃO, DA CULTURA E DO DESPORTO
SEÇÃO I. DA EDUCAÇÃO
Art. 205. A educação, direito de todos e dever do Estado e da família, será promovida e incentivada com a colaboração da sociedade, visando ao pleno desenvolvimento da pessoa, seu preparo para o exercício da cidadania e sua qualificação para o trabalho.
[...]
SEÇÃO II. DA CULTURA
Art. 215. O Estado garantirá a todos o pleno exercício dos direitos culturais e acesso às fontes da cultura nacional, e apoiará e incentivará a valorização e a difusão das manifestações culturais.
[...]
CAPÍTULO IV. DA CIÊNCIA, TECNOLOGIA E INOVAÇÃO
[...]
Art. 218. O Estado promoverá e incentivará o desenvolvimento científico, a pesquisa, a capacitação científica e tecnológica e a inovação.

Lei nº 9.610/1998: altera, atualiza e consolida a legislação sobre direitos autorais e dá outras providências

A Lei nº 9.610/1998, diploma nacional sobre a temática dos direitos autorais, delineia o universo autoral e explicita os direitos e deveres a serem observados. Muito já foi e vem sendo discutido pelos doutrinadores autoralistas sobre os mais diversos aspectos presentes nessa lei. Destacaremos alguns pontos, que consideramos chaves, para posteriormente podermos discutir sua relação com as bibliotecas e com a pesquisa científica.

TÍTULO I. DISPOSIÇÕES PRELIMINARES

[...]

Art. 6º. Não serão de domínio da União, dos Estados, do Distrito Federal ou dos Municípios as obras por eles simplesmente subvencionadas.

TÍTULO II. DAS OBRAS INTELECTUAIS

CAPÍTULO I. DAS OBRAS PROTEGIDAS

Art. 7º. São obras intelectuais protegidas as criações do espírito, expressas por qualquer meio ou fixadas em qualquer suporte, tangível ou intangível, conhecido ou que se invente no futuro.

I - os textos de obras literárias, artísticas ou científicas;

[...]

TÍTULO III. DOS DIREITOS DO AUTOR

[...]

CAPÍTULO III. DOS DIREITOS PATRIMONIAIS DO AUTOR E DE SUA DURAÇÃO

[...]

Art. 29. Depende de autorização prévia e expressa do autor a utilização da obra, por quaisquer modalidades, tais como:

I - a reprodução parcial ou integral;

II - a edição;

III - a adaptação, o arranjo musical e quaisquer outras transformações;

IV - a tradução para qualquer idioma;

V - a inclusão em fonograma ou produção audiovisual;

VI - a distribuição, quando não intrínseca ao contrato firmado pelo autor com terceiros para uso ou exploração da obra;

VII - a distribuição para oferta de obras ou produções mediante cabo, fibra ótica, satélite, ondas ou qualquer outro sistema que permita ao usuário realizar a seleção da obra ou produção para percebê-la em um tempo e lugar previamente determinados por quem formula a demanda, e nos casos em que o acesso às obras ou produções se faça por qualquer sistema que importe em pagamento pelo usuário;

VIII - a utilização, direta ou indireta, da obra literária, artística ou científica, mediante:

a) representação, recitação ou declamação;

b) execução musical;

c) emprego de alto-falante ou de sistemas análogos;

d) radiodifusão sonora ou televisiva;

e) captação de transmissão de radiodifusão em locais de frequência coletiva;

f) sonorização ambiental;

g) a exibição audiovisual, cinematográfica ou por processo assemelhado;

h) emprego de satélites artificiais;

i) emprego de sistemas óticos, fios telefônicos ou não, cabos de qualquer tipo e meios de comunicação similares que venham a ser adotados;

j) exposição de obras de artes plásticas e figurativas;

IX - a inclusão em base de dados, o armazenamento em computador, a microfilmagem e as demais formas de arquivamento do gênero;

X - quaisquer outras modalidades de utilização existentes ou que venham a ser inventadas.

[...]

Art. 43. Será de setenta anos o prazo de proteção aos direitos patrimoniais sobre as obras anônimas ou pseudônimas, contado de 1º de janeiro do ano imediatamente posterior ao da primeira publicação.

[...]

CAPÍTULO IV. DAS LIMITAÇÕES AOS DIREITOS AUTORAIS

Art. 46. Não constitui ofensa aos direitos autorais:

I - a reprodução: [...]

II - a reprodução, em um só exemplar de pequenos trechos, para uso privado do copista, desde que feita por este, sem intuito de lucro;

III - a citação em livros, jornais, revistas ou qualquer outro meio de comunicação, de passagens de qualquer obra, para fins de estudo, crítica ou polêmica, na medida justificada para o fim a atingir, indicando-se o nome do autor e a origem da obra;
IV - o apanhado de lições em estabelecimentos de ensino por aqueles a quem elas se dirigem, vedada sua publicação, integral ou parcial, sem autorização prévia e expressa de quem as ministrou;
[...]

Como comentário à nossa legislação autoral, destacamos o pensamento de alguns autores a respeito da própria justificativa e finalidade da existência de uma lei que trate da matéria, com o fim de demonstrar que o caráter patrimonial é, muitas vezes, considerado o propulsor da criação. O espírito parece não ter uma necessidade intrínseca de criar. A criação é colocada como uma atividade meramente econômica.

Pimenta e Pimenta Filho (2007:73) afirmam que "os direitos autorais são definidos pela lei outorgada pelo Estado, com o objetivo de proteger o autor e sua criação, que pelo seu valor intelectual propiciam o desenvolvimento do gênero humano".

Para Leite (2004), ao discorrer sobre a justificativa utilitária da proteção autoral, o fundamento primário para a existência de proteção se baseia no entendimento de que as formas de propriedade são necessárias para incentivar os indivíduos a criar obras intelectuais. Leite (2004:183) defende ainda que, "se não se permitisse ao autor que pudesse excluir terceiros de utilizar, fruir e explorar as suas obras intelectuais, como resultado adviria a escassez das obras intelectuais no mercado, quer pela sua não produção, quer pela sua não divulgação".

José Antônio Carrard Sitta (2014:49) afirma que a ideia central do direito autoral é "os autores não criariam novas obras sem o incentivo econômico proporcionado pelo direito de exclusividade da exploração da obra". E segue apresentando uma lógica que se apresenta da seguinte forma: por que um autor passaria por dificuldades para produzir uma obra se não fosse ter nenhum retorno econômico?

Entretanto, é importante destacar a existência de vozes dissonantes desse tipo de pensamento. De acordo com Guilherme Carboni (2006:75), "muitos criadores são motivados a criar, independentemente de uma motivação financeira, tal como ocorreu em grande parte da história e ocorre ainda hoje".

Para Carlos Affonso Pereira de Souza (2011:665, nota 2), "vários são os estímulos que alguém pode encontrar para criar uma obra, e não necessariamente esse incentivo encontra-se ligado à remuneração direta por autorizações que se façam para permitir usos da mesma por terceiros".

Consideramos que é necessário que seja realizada uma revisão do pensamento que atrela, intrinsecamente, a criação ao retorno financeiro. A maior prova disso são as criações colaborativas, muitas vezes anônimas, que surgiram com a criação da internet, sem nenhum intuito de lucro ou de proteção autoral.

Uma vez apresentados os quadros legislativos internacional e nacional que incidem sobre as bibliotecas, passaremos a abordar seus efeitos específicos.

As bibliotecas e os direitos autorais

Nesta seção trataremos da maneira como a legislação vigente acerca dos direitos autorais incide sobre as atividades realizadas pelas bibliotecas.

A Convenção de Berna e as bibliotecas

Em 2008, o Comitê Permanente de Direito de Autor e Direitos Conexos, da Organização Mundial da Propriedade Intelectual (OMPI), reviu e atualizou o *Estudio sobre las limitaciones y excepciones al derecho de autor en beneficio en bibliotecas y archivos*.[14] O estudo teve como principal objetivo "apresentar uma visão de conjunto da natureza e

---

[14] Disponível em: <www.wipo.int/edocs/mdocs/copyright/es/sccr_17/sccr_17_2.pdf>. Acesso em: 4 jun. 2016.

diversidade das disposições das leis de Direito de Autor de 184 países-membros da Organização Mundial da Propriedade Intelectual", coordenado por Kenneth D. Crews. Na parte que trata do fundamento das exceções em benefício das bibliotecas, Crews (2008:20) afirma:

> *El Convenio de Berna no hace mención ni de bibliotecas ni de archivos entre las excepciones admisibles. Así pues, la posibilidad de adoptar una excepción en beneficio de las bibliotecas en virtud del Convenio de Berna, se basa en el artículo 9.2 [que establece así]: "Se reserva a las legislaciones de los países de la Unión la facultad de permitir la reproducción de dichas obras en determinados casos especiales, con tal que esa reproducción no atente a la explotación normal de la obra ni cause un perjuicio injustificado a los intereses legítimos del autor".*

É interessante ressaltar que esse estudo aponta a existência, na Convenção de Berna, da disposição da "regra dos três passos" que permite aos países promulgar exceções legais. Tal regra se aplica caso sejam atendidos três critérios: (1) ser utilizada em determinados casos especiais; (2) que não afete a exploração normal da obra; (3) que não cause prejuízo injustificado aos legítimos interesses do autor. A função da "regra dos três passos", segundo o estudo, é servir de orientação aos legisladores no momento de promulgar exceções.

Segundo o estudo, muitos países incluíram a "regra dos três passos" em benefício das bibliotecas. São exemplos: Austrália, Bélgica, Bolívia, Bulgária, África do Sul, entre outros.

É relatado também que muitos países possuem leis que permitem à Biblioteca Nacional, ou uma determinada biblioteca estatal ou outra que venha a ser designada, usufruir privilégios especiais para que possam realizar funções específicas.

O estudo aponta que, na América do Sul, Argentina, Brasil e Chile não preveem nenhuma exceção em favor das bibliotecas. Em 2015, esse estudo foi revisto e atualizado, ainda sob a coordenação de Kenneth D. Crews.

A seguir apresentamos um quadro, constante do estudo revisto e atualizado.

Quadro 1 | Estudo realizado para a
Organização Mundial da Propriedade Intelectual

Exceção*	Número de países
Nenhuma	32
Cópias gerais efetuadas pelas bibliotecas (Nota: a cifra corresponde ao número de países que têm somente uma exceção geral)	31
Cópias para usuários das bibliotecas (para fins de pesquisa ou estudo)	98
Cópias para preservação ou substituição	Preservação: 99 Substituição: 90
Pesquisa ou estudo (colocada à disposição)	28
Fornecimento de documentos ou empréstimo interbibliotecário	Fornecimento de documentos: 21 Empréstimo interbibliotecário: 9
Disposições contra as medidas tecnológicas de proteção – Isenção em favor das bibliotecas	52

Fonte: Hackett (2016).
* Exceções em favor das bibliotecas nas legislações nacionais de direito de autor. Resumo dos resultados de um estudo realizado para a Organização Mundial da Propriedade Intelectual em 2015, por Kenneth D. Crews. Total de países estudados: 188.

O estudo apresenta também outros dados relevantes que estão relacionados com a possibilidade de realização de cópias, tal como apresentado na entrevista concedida por Teresa Hackett, gerente do Programa de Copyright e Bibliotecas da Electronic Information for Libraries (EIFL) à *WIPO Magazine* de dezembro de 2015.

Quadro 2 | Entrevista de Teresa Hackett à *WIPO Magazine*

Quem pode copiar?	O que pode ser copiado?	Sob quais condições?	Como?
Bibliotecas que recebem fundos	Trabalhos publicados ou não publicados	Necessidade das bibliotecas	Cópias eletrônicas
Bibliotecas publicamente acessíveis	Extratos, artigos ou trabalhos completos	Somente estudo e pesquisa	Em qualquer mídia
Bibliotecas públicas	Extratos, artigos ou trabalhos completos	Prova do depósito dos usuários	Reprodução reprográfica
Todas as bibliotecas		Disponibilidade comercial	Reprodução por fotografia ou processos análogos
Centros de documentação		Disponível com base nas premissas	Fotocópia com adição de outra técnica que significa outra publicação
Casas de registros		Após a expiração dos direitos econômicos	

Fonte: Hackett (2016).

Com o objetivo de permitir que as bibliotecas cumpram sua missão, a International Federation of Library Association (IFLA) está trabalhando junto aos Estados-membros da OMPI para obter apoio a um instrumento internacional de limitações e exceções às bibliotecas e arquivos. A IFLA, em conjunto com o Conselho Internacional de Arquivos (ICA), com o Electronic Information for Libraries (EIFL) e com a Corporación Innovarte, produziu uma proposta de tratado (TLIB) para orientar os Estados-membros da OMPI na revisão/atualização das limitações e exceções para as bibliotecas e arquivos.[15]

Sem lugar a dúvidas, são muitos os aspectos de proteção do direito autoral presentes na Convenção de Berna que dificultam o trabalho que é realizado pelas bibliotecas. Urge, efetivamente, que as bibliotecas sejam incluídas nas limitações e exceções previstas na convenção que, por ter um expressivo alcance internacional e ser norteadora de legislações nacionais, promoveria uma reparação legislativa e a legalização das atividades precípuas desses centros de informação.

A legislação brasileira e as bibliotecas

Os dispositivos legais existentes, notadamente aqueles destacados anteriormente, tratam das questões de acesso ao conhecimento e proteção autoral de maneira dicotômica.

Em nossa Carta Magna, quando são abordados nossos direitos fundamentais, o diploma nos assegura o acesso à informação, garante o direito de propriedade e, logo após, dita que a propriedade deverá atender à sua função social. Entretanto, mais adiante assegura que "aos autores pertence o direito exclusivo de utilização, publicação ou reprodução de suas obras, transmissível aos herdeiros pelo tempo que a lei fixar".

Quando a Constituição trata da educação, determina ser um dever do Estado e dita que esta será promovida e incentivada com a

---

[15] Disponível em: <www.ifla.org/files/assets/hq/topics/exceptions-limitations/tlib_v4_4.pdf>. Acesso em: 4 jun. 2016.

colaboração da sociedade, não obstante seu acesso ser, muitas vezes, condicionado à proteção autoral.

No mesmo título VIII – "Da ordem social" –, no capítulo que discorre sobre a ciência, tecnologia e inovação, prevê que o Estado promova e incentive o desenvolvimento científico, a pesquisa, a capacitação científica e tecnológica e a inovação. Entretanto, o acesso às fontes de informação é dependente do direito da propriedade, este regulado pela Lei dos Direitos Autorais (LDA).

Já em se tratando da LDA, encontramos que a União, os estados, o Distrito Federal ou os municípios não possuem qualquer domínio sobre as obras por eles simplesmente subvencionadas, ainda que seja para o uso na educação ou na pesquisa.

A proteção da obra é de tal maneira resguardada que o art. 29 prevê a necessidade de autorização prévia e expressa para a utilização da obra em 10, apenas exemplificativas, situações. Consideremos ainda que o 10º exemplo é "quaisquer outras modalidades de utilização existentes ou que venham a ser inventadas".

Ademais, ampliou, em relação à legislação anterior de direitos autorais,[16] em 10 anos o prazo de proteção, passando de 60 para 70 anos. Outro dispositivo que dificulta o acesso à educação, à cultura e à ciência é aquele que substituiu a limitação prevista da possibilidade de "reprodução, em um só exemplar, de qualquer obra, contanto que não se destine à utilização com intuito de lucro", por a "reprodução, em um só exemplar de pequenos trechos, para uso privado do copista, desde que feita por este, sem intuito de lucro".

É difícil deixar de pensar que nossa legislação, em termos de propriedade intelectual, privilegia o interesse privado em detrimento do interesse público.

Todas as questões abordadas estão diretamente relacionadas com as bibliotecas. Listaremos alguns dos serviços típicos de bibliotecas afetados pela nossa normativa autoral:

---

[16] Ver Lei nº 5.988, de 14 de dezembro de 1973. Disponível em: <www.planalto.gov.br/ccivil_03/leis/L5988.htm>. Acesso em: 4 jun. 2016.

- empréstimo de obras;
- fotocópias para fins de estudo ou pesquisa;
- fotocópias para fins de reposição;
- digitalização para acesso online ou preservação;
- empréstimos interbibliotecários;
- inclusão em base de dados, armazenamento em computador, microfilmagem e demais formas de arquivamento do gênero.

Em geral, as associações editoriais comerciais se esmeram em defender seus direitos patrimoniais, uma vez que são os titulares do direito de autor, sob o disfarce de incentivo e proteção ao criador.

As bibliotecas nunca foram, e nunca tiveram a pretensão de ser, espaços comerciais. A função intrínseca de uma biblioteca sempre foi a de ser um espaço social, onde o acesso à cultura, à educação e à ciência pode ser disponibilizado a todos.

A biblioteca, sem lugar a dúvidas, é uma fonte para a criação. Por assim ser, é imprescindível que o legislador brasileiro passe a considerar limitações e exceções na proteção autoral relacionadas às bibliotecas.

A relação biblioteca e pesquisa

Não é possível dissociar a pesquisa da biblioteca e a biblioteca da pesquisa. A biblioteca fornece o subsídio para a pesquisa, como também se alimenta das pesquisas realizadas, configurando-se em um dos principais locais de encontro da comunicação científica. Dentro de uma estrutura de universidade ou de instituições de pesquisa, a biblioteca tem a missão de adquirir, organizar, armazenar e preservar os veículos de comunicação científica. É por meio dela que os pesquisadores podem ter acesso àquilo que seus pares estão produzindo. Não há dúvidas que um dos principais, inclusive historicamente, veículos de comunicação científica é a revista.

Aqui nos referimos a dois pontos nevrálgicos quando tratamos do direito autoral. O primeiro diz respeito à necessidade premente de estabelecer exceções para a biblioteca, tal como já abordado anteriormente. O fácil acesso à produção científica presente na biblioteca é determinante no desenvolvimento de uma pesquisa científica.

No ciclo da pesquisa científica, o pesquisador é tanto consumidor como autor de publicações. Consumidor porque antes de começar uma pesquisa precisa fazer todo um recorrido bibliográfico do tema a ser estudado. São também constantes as consultas àquilo que já foi publicado durante o desenvolvimento de uma pesquisa. E, ao findá-la, deverá comunicar os resultados a seus pares, por meio de uma publicação, para que estes possam validá-lo.

Ao pensar no pesquisador como autor, é muito importante remarcar aquilo que chamamos de equívoco conceitual legislativo. Quando nas convenções e declarações internacionais, assim como na nossa legislação de proteção aos direitos autorais, as obras científicas são colocadas e têm tratamento igual às obras artísticas e literárias, incorre-se em um erro de concepção e função. Publicar cientificamente é parte do ciclo da pesquisa, como já mencionado. O pesquisador precisa validar sua pesquisa. Os chamados incentivos previstos pelo direito patrimonial não são a recompensa buscada pelo pesquisador. Sua moeda de troca é o reconhecimento de seu trabalho, que se expressa, formalmente, por meio de citações realizadas por outros cientistas. Ao contrário, todo o sistema de proteção patrimonial termina por ser um entrave em seus interesses. Quanto mais livre for o acesso à produção de um pesquisador, maior retorno científico ele poderá ter.

Alguns cientistas são incentivados por aquilo que percebem financeiramente como fruto de sua criação. Mas esses não constituem a grande maioria no mundo científico. A proteção moral lhes é muito mais cara que a proteção patrimonial. Assim, seria muito importante que fosse realizada uma separação das obras científicas daquelas artísticas e literárias em todos os diplomas legais existentes e, dessa forma, que seu tratamento fosse diferenciado.

Considerações finais

Há muito que a legislação autoral possui uma dívida histórica com as bibliotecas. Pudemos demonstrar que desde a criação das primeiras leis autorais, a biblioteca nunca teve as exceções que lhe correspondiam. Os anseios patrimoniais sempre soaram mais fortemente do que os das *casas do saber*.

Entretanto, a morada social do conhecimento dos povos seguirá com sua missão de organizar, armazenar e preservar a arte e a ciência. Seu trabalho pode vir a ser mais e mais aprimorado e ampliado com uma regulamentação jurídica que reflita sua importância para todas as sociedades.

Referências

ABRÃO, Eliane Yachouh. *Direitos de autor e direitos conexos*. São Paulo: Ed. do Brasil, 2002.

BITTAR, Carlos Alberto. *Direito de autor*. 5. ed. Rio de Janeiro: Forense, 2013.

BOGSCH, Arpad. Prefácio. In: ORGANIZAÇÃO MUNDIAL DA PROPRIEDADE INTELECTUAL (OMPI). *Guia da Convenção de Berna relativa à Protecção das Obras Literárias e Artísticas* (Acta de Paris, 1971). Genebra: OMPI, 1980.

BRASIL. Decreto nº 75.699, de 6 de maio de 1975. Promulga a Convenção de Berna para a Proteção das Obras Literárias e Artísticas, de 9 de setembro de 1886, revista em Paris, a 24 de julho de 1971. *Diário Oficial da União*, Brasília, 9 maio 1975. Disponível em: <www.planalto.gov.br/ccivil_03/decreto/1970-1979/D75699.htm>. Acesso em: 14 jun. 2016.

_____. Constituição da República Federativa do Brasil. *Diário Oficial da União*, Brasília, 5 out. 1988. Disponível em: <www.planalto.gov.br/ccivil_03/constituicao/constituicao.htm>. Acesso em: 13 jun. 2016.

_____. Lei nº 9.610, de 19 de fevereiro de 1998. Altera, atualiza e consolida a legislação sobre direitos autorais e dá outras providências. *Diário Oficial da União*, Brasília, 20 fev. 1998. Disponível em: <www.planalto.gov.br/ccivil_03/leis/L9610.htm>. Acesso em: 15 jun. 2016.

CARBONI, Guilherme. *Função social do direito de autor.* Curitiba: Juruá, 2006.

CREWS, Kenneth D. *Estudio sobre las limitaciones y excepciones al derecho de autor en beneficio de bibliotecas y archivos.* Comité Permanente de Derecho de Autor y Derechos Conexos. Decimoséptima sesión, Ginebra, 3 a 7 nov. 2008. Disponível em: <www.wipo.int/edocs/mdocs/copyright/es/sccr_17/sccr_17_2.pdf>. Acesso em: 15 jun. 2016.

_____. *Study on copyright limitations and exceptions for libraries and archives*: updated and revised. Genebra: Standing Committee on Copyright and Related Rights. Thirtieth session: 29 jun. a 3 jul. 2015a. Disponível em: <www.wipo.int/edocs/mdocs/copyright/en/sccr_30/sccr_30_3.pdf> Acesso em: 18 jun. 2016.

_____. *Resumen del estudio sobre limitaciones y excepciones en materia de derecho de autor en favor de bibliotecas y archivos*: versión actualizada y revisada (SCCR/30/3). Los Angeles: Comité Permanente de Derecho de Autor y Derechos Conexos, 2015b. Disponível em: <www.wipo.int/edocs/mdocs/copyright/es/sccr_30/sccr_30_3.pdf>. Acesso em: 18 jun. 2016.

HACKETT, Teresa. Uma legislação única e global de direitos autorais para bibliotecas e arquivos. Trad. e adap. Elisabeth A. Dudziak, *SIBiUSP*, 2016 (artigo original "Time for a single global copyright framework for libraries and archives". *WIPO Magazine*, dez. 2015). Disponível em: <www.sibi.usp.br/?p=4385>. Acesso em: 17 jun. 2016.

INTERNATIONAL FEDERATION OF LIBRARY ASSOCIATION (IFLA). *Treaty Proposal on Copyright Limitations and Exceptions for Libraries and Archives.* [S.l.: s.n.], 2013. Disponível em: <www.ifla.org/files/assets/hq/topics/exceptions-limitations/tlib_v4_4.pdf>. Acesso em: 18 jun. 2016.

LAMPREIA, Luiz Felipe Palmeira. Resultados da Rodada Uruguai: uma tentativa de síntese. *Estudos Avançados*, São Paulo, v. 9, n. 23, p. 247-260, abr. 1995. Disponível em: <www.scielo.br/scielo.php?script=sci_arttext&pid=S0103-40141995000100016&lng=pt&nrm=iso>. Acesso em: 15 jun. 2016.

LEITE, Eduardo Lycurso. *Direito de autor.* Brasília: Brasília Jurídica, 2004.

LOGIE, John. Response to Part I: "An Act for the Encouragement of Learning" *vs.* Copyright 2.0. In: RIFE, M. C.; SLATTERY, S.; DEVOSS, D. N. (Ed.).

Copy(write): intellectual property in the writing classroom. Anderson, SC: Parlor Press, 2011. p. 149-156. Disponível em: <http://wac.colostate.edu/books/copywrite/chapter8.pdf>. Acesso em: 17 jun. 2016.

MICELLI, Thiago. Dos direitos autorais à Convenção de Berna. *i7 Autoral*: Direito autoral in totum, 22 maio 2012. Disponível em: <https://i7autoral.wordpress.com/2012/05/22/dos-direitos-autorais-a-convencao-de-berna/>. Acesso em: 15 jun. 2016.

MILANESI, Luís. *O que é biblioteca*. Cotia: Ateliê Editorial, 2002.

MULLINS, J. L. et al. *Library publishing services*: strategies for success research report version 1.0. West Lafayette: Libraries Research Publications, 2011.

ORGANIZAÇÃO MUNDIAL PARA A PROPRIEDADE INTELECTUAL (OMPI). *Convenio de Berna para la Protección de las Obras Literarias y Artísticas*. Genebra: OMPI, 1979a. Disponível em: <www.wipo.int/treaties/es/text.jsp?file_id=283698>. Acesso em: 15 jun. 2016.

_____. *Convenio que establece la Organización Mundial de la Propiedad Intelectual* (firmado en Estocolmo el 14 de julio de 1967 y enmendado el 28 de septiembre de 1979). Genebra: OMPI, 1979b. Disponível em: <www.wipo.int/treaties/es/text.jsp?file_id=283997>. Acesso em: 15 jun. 2016.

_____. *Guia da Convenção de Berna relativa à Protecção das Obras Literárias e Artísticas (Acta de Paris, 1971)*. Genebra: OMPI, 1980. Disponível em: <www.wipo.int/edocs/pubdocs/pt/copyright/615/wipo_pub_615.pdf>. Acesso em: 15 jun. 2016.

PARANAGUÁ, Pedro; BRANCO, Sérgio. *Direitos autorais*. Rio de Janeiro: Ed. FGV, 2009. Disponível em: <http://bibliotecadigital.fgv.br/dspace/bitstream/handle/10438/2756/Direitos%20Autorais.pdf>. Acesso em: 15 jun. 2016.

PHILLIPS, Heather. *The Great Library of Alexandria?* San Diego: Library Philosophy and Practice, 2010. Disponível em: <http://unllib.unl.edu/LPP/phillips.htm>. Acesso em: 14 jun. 2016.

PIMENTA, Eduardo Salles; PIMENTA FILHO, Eduardo Salles. A limitação dos direitos autorais e a sua função social. In: PIMENTA, Eduardo Salles (Org.). *Direitos autorais*: estudos em homenagem a Otávio Afonso dos Santos. São Paulo: Revista dos Tribunais, 2007. p. 71-87.

SITTA, José Antônio Carrard. *Direito autoral e economia*: quando o sistema jurídico é um entrave à criação de novas obras. 2014. Monografia (bacharelado em ciências jurídicas e sociais) – Departamento de Direito Privado e Processo Civil, UFRGS, Porto Alegre, 2014. Disponível em: <www.lume.ufrgs.br/bitstream/handle/10183/111902/000950614.pdf?sequence=1>. Acesso em: 14 jun. 2016.

SOUZA, Carlos Affonso Pereira de. O domínio público e a função social do direito autoral. *Liinc em Revista*, Rio de Janeiro, v. 7, n. 2, p. 664-680, set. 2011. Disponível em: <http://liinc.revista.ibict.br/index.php/liinc/article/view/428/311>. Acesso em: 15 jun. 2016.

UNITED NATIONS (UN). *The Universal Declaration of Human Rights*. Nova York: UN, 1948. Disponível em: <www.ohchr.org/EN/UDHR/Documents/UDHR_Translations/eng.pdf>. Acesso em: 16 jun. 2016.

WIKIPÉDIA. *Isaac Newton*. Disponível em: <https://pt.wikiquote.org/wiki/Isaac_Newton>. Acesso em: 16 jun. 2016.

_____. *Standing on the shoulders of giants*. Disponível em: <https://en.wikipedia.org/wiki/Standing_on_the_shoulders_of_giants>. Acesso em: 16 jun. 2016.

5

Algunos retos sobre la digitalización del acervo patrimonial en Colombia: el caso de las obras huérfanas

Carolina Botero
María Juliana Soto
*David Ramírez-Ordóñez**

Con frecuencia las bibliotecas, museos y archivos, pero sobre todo, las personas particulares, enfrentan importantes barreras jurídicas para utilizar diversos tipos de obras. En algunos casos, estas dificultades tienen que ver incluso con la imposibilidad de identificar y localizar a los titulares de derechos de autor, dado que el presupuesto legal es que los autores y titulares tienen el derecho a autorizar y prohibir los usos de sus obras, porque las reutilizaciones no autorizadas son excepcionales y limitadas.

Así, cuando esto sucede, las entidades, la sociedad, las personas, quedan impedidas para proteger y difundir sus colecciones patrimoniales. Por ello, creemos que resolver esta situación resulta fundamental para el acceso al conocimiento, la ciencia y la educación de la sociedad colombiana.

---

* *Carolina Botero* es abogada y directora de la Fundación Karisma, una organización de la sociedad civil colombiana que trabaja por la promoción de los derechos humanos en el mundo digital. *María Juliana Soto* es coordinadora de comunicaciones de la Fundación Karisma y estudiante de la Maestría en Comunicación y Medios de la Universidad Nacional de Colombia. *David Ramírez* es profesional en Ciencia de la Información – Bibliotecología, de la Universidad Javeriana y actualmente trabaja en la Biblioteca Nacional de Colombia. Agradecemos a *Dora Brausin*, asesora del Archivo de Bogotá, con quien tuvimos la oportunidad de conversar sobre los temas aquí abordados y a *Luisa Guzmán*, investigadora de la Universidad del Rosario y colaboradora de la Fundación Karisma, por su valioso aporte a la investigación sobre obras huérfanas en Colombia.

Esta problemática se refiere a obras que se han denominado como "obras huérfanas" y recoge en esencia aquellas respecto de las que no se conocen los titulares de los derechos de autor, o cuando, pese a que estos se encuentran identificados, no es posible contactarlos para solicitar las autorizaciones respectivas (editoriales que han desaparecido, por ejemplo).

Esta situación es preocupante y, aunque no es nueva, ha incrementado su impacto a medida que se aumenta la penetración de las tecnologías de la información y las comunicaciones (TIC) y el entorno digital. Las facilidades y beneficios de estas tecnologías para la diseminación de las obras y para su preservación son evidentes. El principal problema para bibliotecas y organizaciones similares es que las obras huérfanas no pueden formar parte de sus procesos de conservación y difusión, puesto que es muy costoso considerar ese tipo de iniciativas debido al tiempo, al esfuerzo y a los recursos que deben garantizarse para la búsqueda de los titulares, y, sin duda, al riesgo que supone avanzar en el proyecto puesto que puede hacer problemas de responsabilidad legal (Herrero, 2013:22). Se trata entonces de un importante argumento disuasorio que afecta estas iniciativas.

Bibliotecas, archivos, museos, hemerotecas, fonotecas, filmotecas y otras organizaciones que desean emprender proyectos de digitalización de sus colecciones patrimoniales, y los usuarios en general, resultan privados de la posibilidad de usar las obras, corriendo éstas el riesgo de desaparecer. De otro lado, no es menos cierto que los titulares pierden la posibilidad de obtener regalías, e incluso, la misma industria editorial también resulta afectada al generarse una interferencia en el curso normal del comercio (Herrero, 2013:16). Ocurre, entonces, un situación en la que todas las partes pierden (*lose-lose situation*) (Herrero, 2013:22) sean éstas titulares o usuarios, un freno al progreso económico y social (De Beer y Bouchard, 2010:215) y, además, se favorecen las infracciones al derecho de autor.

Las obras huérfanas son un problema real, no son un mito. Importantes reportes e informes lo han constatado empíricamente. Por ejemplo, como antecedente a la reciente legislación del tema en el

Reino Unido, en 2010 se estimaba que el 40% de las obras impresas de la Biblioteca Británica eran obras huérfanas (Lifshitz-Goldberg, 2010:4).

Aunque en América Latina no se cuenta con cifras que dimensionen la magnitud del problema, resulta innegable que éste existe en la región y a falta de grandes estudios, se requiere recopilarlos y presentarlos para visibilizar una importante problemática que debe ser atendida por la política pública de nuestros países, por eso es necesario documentar lo que viene pasando para abrir la discusión.

En el presente documento queremos presentar una mirada al caso colombiano. En primer lugar a falta de datos generales que permitan visibilizar la problemática local se expondrán ejemplos que permitan dimensionar la situación en el país. Posteriormente, se presentará el estado de la discusión en el terreno de política pública en torno a una propuesta presentada para estos efectos por el Centro Regional para el Fomento del Libro en América Latina y el Caribe (CERLALC).

La Biblioteca Nacional de Colombia y su plan de digitalización: un caso que ilustra la problemática en Colombia

En el 2014, la Biblioteca Nacional de Colombia publicó el "Informe sobre derecho de autor en la Biblioteca Nacional de Colombia" (Pautassi, Miranda y Ramírez-Ordóñez, 2014) donde específicamente se menciona que sobre la compilación de las "Novelas de la Violencia" escritas entre 1950 y 1980 – importantes en términos históricos porque relatan los hechos que sucedieron en el país durante los años 1940 y 1950, conocidos como la época de la Violencia –, solo se tiene información de 20 de los 53 autores que componen la colección. Lo que implica que, según el informe "más de la mitad de obras escritas sobre este periodo histórico no pueden ser editadas o digitalizadas para su difusión porque no existe quién autorice estos procesos", es decir, no se sabe si los autores están vivos o no se conoce a sus herederos.

Si la Biblioteca Nacional decidiera editar o digitalizar toda la colección, estaría utilizando obras huérfanas, y es posible que cometiera alguna infracción al derecho de autor, las consecuencias legales, según el informe antes mencionado serían las siguientes:

- demanda ante la jurisdicción contencioso administrativa, a través de una acción de reparación directa por el daño antijurídico por una acción de una entidad pública;
- el titular de derechos, en caso de aparecer, podrá solicitar que se suspenda la utilización de la obra reproducida y puesta a disposición. Es decir, eliminar el archivo del catálogo de la biblioteca digital;
- el titular también puede solicitar la destrucción del ejemplar impreso en poder de la biblioteca;
- el titular puede solicitar una indemnización de perjuicios por lucro cesante (pago con base a lo que habría costado la inclusión de la obra en el catálogo impreso o digital);
- el titular puede solicitar una indemnización por daño emergente;
- la biblioteca deberá repetir en contra el funcionario público o contratista que haya autorizado la utilización, interpretación o producción fonográfica sin autorización previa (Pautassi, Miranda y Ramírez-Ordóñez, 2014).

A la fecha el proyecto no ha pasado a su fase pública ni total ni parcialmente.

Por otra parte, la Biblioteca Nacional de Colombia se propuso difundir la "Biblioteca Samper Ortega". Con este nombre se conoce a una colección de escritos colombianos muy diversos que fue editada en los años 1940 con fondos del Ministerio de Educación con el fin de fundar, de ser la semilla, de las bibliotecas públicas por todo el país. Aunque se trata de una de las colecciones más importante de la historia literaria del país, el informe menciona (Pautassi, Miranda y Ramírez-Ordóñez, 2014) que de los 693 escritores publicados en esta colección, 400 tienen derechos patrimoniales vigentes y no hay registro de sus herederos para que autoricen su uso. Actualmente el proyecto está en una fase de migración de catálogo, pero aún no se ha publicado.

Como lo comenta Dora Brausin, asesora para el Archivo de Bogotá en el proceso de construcción de la Mediateca de Bogotá y experta en digitalización de archivos sonoros y audiovisuales, "los sistemas de gestión de contenidos no dan a basto. Todo está apuntando a que vamos a ir a la nube", y concluye:

> Estamos llenos de plataformas digitales, pero nos faltan contenidos, de ahí que la digitalización sea tan importante. Si tienes nuevos contenidos, puedes generar recursos, puedes construir nuevos públicos. Pero en este momento, ni siquiera hay una política en el país que te indique cuáles son los principios rectores que debes tener en cuenta a la hora de digitalizar un archivo sonoro y audiovisual y tampoco existen protocolos que te ayuden a resolver el asunto desde la parte técnica.[1]

Lamentablemente, ante la falta de garantías legales, la Biblioteca Nacional de Colombia no puede desarrollar proyectos que impliquen la utilización de obras huérfanas, como sería el caso de la compilación "Novelas de la Violencia" y de la "Biblioteca Samper Ortega" pues la excepción de uso con fines educativos y culturales, resulta ser una protección jurídica insuficiente. Como lo señala el mismo informe, ninguna opción, ni siquiera "aduciendo la obligación del Estado de proteger la riqueza cultural de la nación (artículo 8) o de fomentar el acceso a la cultura de todos los colombianos en igualdad de oportunidades (artículo 70)" funciona para justificar el uso de obras huérfanas en Colombia, pues "la sola declaratoria de una obra como patrimonio cultural no le da por sí misma 'una utilidad pública o interés social' para justificar la restricción al derecho de autor".[2]

---

[1] Entrevista realizada a Dora Brausin en Bogotá, el 10 de febrero de 2015, por María Juliana Soto.
[2] Ibid.

Existe un verdadero desequilibrio cuando una sociedad está condenada a bloquear su patrimonio cultural. Como lo reconoce la Relatora Especial para los derechos culturales de la ONU, "La perspectiva de los derechos humanos exige el reconocimiento de los valores sociales y humanos inherentes a los derechos de autor y un mayor respeto de los derechos fundamentales y las necesidades de los grupos marginados. El hincapié en la participación activa en la vida cultural y científica, y no en la simple posibilidad de acceder a las obras culturales y científicas, reconoce la doble importancia de acceder a los conocimientos y creaciones expresivas de otros y de la autoexpresión en un contexto cultural general" (Shaheed, 2015), por tanto es necesario encontrar mecanismos que equilibren los derechos de la sociedad, de todos, y aquellos de los autores y titulares en temas como el de las obras huérfanas.

Propuestas de política pública en Colombia

En América Latina no existen políticas públicas ni legislaciones que aborden a profundidad el caso de las obras huérfanas. Sin embargo, en el caso colombiano, gracias a la iniciativa de la Biblioteca Nacional en 2013, el Centro Regional para el Fomento del Libro en América Latina y el Caribe (CERLALC) propuso unos "Lineamientos generales para la gestión y manejo de obras huérfanas con miras a la construcción de una política pública". El documento fue facilitado a algunas organizaciones interesadas en estos temas para que presentaran comentarios a la Biblioteca Nacional. En 2014, la Fundación Karisma entregó su documento de comentarios y sugerencias (Botero y Guzmán, 2014) y estamos pendientes de los avances que la biblioteca haga en la definición de la política pública en este sector.

En su propuesta, CERLALC analiza los dos sistemas que considera existen en las legislaciones mundiales para abordar este problema. El primero de ellos, dice, está basado en el licenciamiento, pues se trata de la autorización que por mandato de la ley otorga un tercero (sociedad de gestión colectiva[3] o una entidad pública[4]) y que de esta forma autoriza el uso de una obra.[5] El segundo, consiste en crear una limitación al derecho de autor para que quien esté en una situación concreta se exima de responsabilidad en un tipo de uso de la obra.[6] En su análisis, CERLALC indica que ambos modelos requieren como condición la búsqueda "diligente del titular de la obra".

La propuesta de CERLALC para Colombia consiste en crear un *sistema mixto*[7] según el cual las solicitudes individuales se tratarían conforme a un enfoque basado en el licenciamiento previo, en cabeza de las Sociedades de Gestión Colectiva (SGC), mientras que, a los requerimientos de licencias masivas se les aplicaría un enfoque basado en la limitación. Para CERLALC, en todo caso, cualquier sistema tiene en común cuatro puntos: la no exclusividad de las licencias de uso, la búsqueda diligente de los titulares de las obras, el respeto a los derechos morales, y el pago de regalías.

La propuesta de CERLALC tiene méritos por sí misma pues abre la discusión y reconoce el debate en un tema que muchos han considerado como un "mito" como un problema irreal e inventado. Cuando una entidad como CERLALC presenta la propuesta, el debate sobre la necesidad queda superado y permite que se comience a discutir la forma como el problema debe abordarse.

En este contexto, además de los comentarios puntuales que Fundación Karisma presentó al documento y que recogen varias preocupaciones sobre su posible implementación, es necesario afirmar que la aproximación de CERLALC mantiene una mirada excesivamente protectora de los titulares y tiene al menos un vacío importante, pues carece de un análisis del sistema *fair use* como una alternativa legal que se usa en el mundo para enfrentar esta problemática.

---

[3] Esta aproximación es originaria de los países nórdicos.
[4] Éste es el caso de Canadá, Japón, Corea del Sur y Hungría.
[5] Centro Regional para el Fomento del Libro en América Latina y el Caribe (CERLALC-Unesco). Lineamientos generales para la gestión y manejo de obras huérfanas con miras a la construcción de una política pública. 2013, p. 27.
[6] Ibid., p. 31.
[7] Ibid., p. 51.

Resumen de la propuesta del CERLALC (Botero y Guzmán, 2014)

	Usos individuales de obras huérfanas a cargo de SGC (sistema de control previo o enfoque basado en el licenciamiento)	Usos masivos de obras huérfanas (sistema de control posterior o enfoque basado en la limitación)
Características generales de la licencia	La SGC evalúa en forma previa las solicitudes de autorización de manera individual y expide una licencia según los intereses del solicitante y el ánimo del legislador (Botero y Guzmán, 2014:50).	No hay revisión previa de cumplimiento de requisitos que anteceda el uso de la obra.
Beneficiarios	No habría necesidad de definirlos previamente. La SGC tendría una margen de discrecionalidad (Botero y Guzmán, 2014:50) para analizar cada caso en particular, al incluir un elemento dinámico de valoración que permita evaluar los beneficiarios de la autorización.	Para efectos prácticos, según el CERLALC, este esquema comporta mayores riesgos ante el análisis del cumplimiento de requisitos por parte de los usuarios de forma unilateral y, por lo anterior, sería apropiado limitar el uso de las obras huérfanas a ciertas entidades que pueden ser bibliotecas, museos y archivos sin ánimo de lucro (Botero y Guzmán, 2014:51).
Usos permitidos	No habría necesidad de definirlos previamente. La SGC tendría una margen de discrecionalidad (Botero y Guzmán, 2014:50) para analizar cada caso en particular, al incluir un elemento dinámico de valoración que permita evaluar el uso de la obra.	Los usos permitidos deben ser definidos previamente por el legislador (Botero y Guzmán, 2014:53) y deben estar limitados a fines estrechamente relacionados con el objeto misional (Botero y Guzmán, 2014:51) de las entidades autorizadas.
Búsqueda diligente	Requiere búsqueda diligente previa. SGC podría tener un margen de discrecionalidad amplio para evaluar la búsqueda diligente, cuya exigencia podría variar de acuerdo con la naturaleza del uso contemplado o la notoriedad del autor (Botero y Guzmán, 2014:53).	Requiere búsqueda diligente previa.
Derechos morales	Debe resguardar derechos morales. Debe tener en cuenta (si es posible) la posición política y religiosa del autor, y todo elemento de juicio que permita determinar si hubiera permitido cierto uso o no (Botero y Guzmán, 2014:54).	Debe resguardar derechos morales.

Como se estableció en el documento de comentarios de la Fundación Karisma:

El *fair use* permite realizar el uso de las obras sin autorización de sus titulares para propósitos como la crítica, comentarios, reportaje de noticias, enseñanza e investigación. Empero, no se trata de una lista exhaustiva, por tal motivo se dice que el *fair use* tiene un carácter flexible y abierto. El análisis de cada uso es realizado en forma posterior por los jueces individualmente a través de la consideración de los siguientes factores: "(i) el propósito y carácter del uso, incluyendo si tal uso es de naturaleza comercial o para propósitos instructivos sin fines de lucro; (ii) la clase del derecho de autor de la obra; (iii) la cantidad y consistencia de la porción utilizada en relación con el derecho de autor de la obra en su totalidad; y (iv) el efecto de su uso sobre el mercado potencial o valor del derecho del autor de la obra" (Botero y Guzmán, 2014). Para apoyar el punto los comentarios incluyeron la mencion al fallo de un tribunal de apelaciones en Estados Unidos, en el caso *Authors Guild v. HathiTrust* (Band, 2014), se indica que "Este fallo confirmó que la creación de una base de datos de búsqueda a texto completo de más de 10 millones de obras, desarrollada por el proyecto *HathiTrust* (conformado por universidades e instituciones sin ánimo de lucro) para facilitar el acceso a las personas con discapacidad visual y con dificultades para acceder al texto impreso, constituía un uso justo de las obras acorde con la doctrina del *fair use*" [Botero y Guzmán, 2014:9].

Lo anterior no significa que haya unanimidad sobre la pertinencia del *fair use* para abordar el problema de las obras huérfanas. Hay académicos de EEUU que han propuesto complementar el *fair use* con sistemas de buenas prácticas y con un sistema de limitación a la responsabilidad basado en la búsqueda diligente (Band, 2014), mientras que hay otros que consideran que no es necesario realizar aproximaciones legislativas a esta problemática (Cassedy, 2014).

En todo caso, los países de tradición de derecho civil, como Colombia y la mayoría de países de la región, no cuentan con sistemas flexibles de cláusulas abiertas, a diferencia de lo que sucede en EEUU (que proviene de la tradición del derecho común – *common law*), donde el *fair use* ha permitido que se realicen usos importantes de las obras huérfanas – incluso por parte de compañías como Google.[8] De hecho

---

[8] El escaneo, la indexación y la previsualización de extractos (*snippets*) de obras por parte de Google fueron consideradas por la Corte Suprema de Estados Unidos como *fair use*, a pesar del ánimo de lucro que subyace a esta compañía (Hansen et al., 2013).

se ha llegado a plantear que este modelo otorga una ventaja comparativa a EEUU con respecto a otros países (Hansen et al., 2013:23).

En este contexto el análisis de CERLALC tiene ese importante vacío lo que no nos limita para afirmar a renglón seguido también que una aproximación de cláusula abierta – estilo *fair use* – tampoco satisface todas las necesidades y problemas en materia de obras huérfanas, será necesario complementarlo.

Flexibilidad para conseguir el equilibrio, una propuesta de política pública

Con base en el análisis puntual de la situación de las obras huérfanas que puede ser extensivo a la situación de desequilibrio general que existe en el derecho de autor en Colombia, no es extraño que en las discusiones que se dan desde 2011 sobre reformas al derecho de autor la Fundación Karisma haya promovido la adición de una cláusula abierta a las excepciones y limitaciones.[9]

Estamos convencidos de que este tipo de soluciones permiten flexibilizar y equilibrar el sistema incluyendo importantes consideraciones de derechos humanos que puedan, además, abordar las preocupaciones sobre ausencia de consideraciones de derechos humanos en el actual sistema de derecho de autor.

En este contexto, la propuesta de Karisma para abordar el tema de las obras huérfanas es la de adoptar una solución de clausula abierta estilo *fair use* que reconozca la insuficiencia de la alternativa (Hansen et al., 2013:31) y aborde las preocupaciones de los titulares incluyendo un modelo basado en la limitación de responsabilidad con las siguientes características:

---

[9] Por ejemplo en la Conferencia sobre Derechos Humanos en la Era Digital. Disponible en: <http://karisma.org.co/wp-content/uploads/2013/07/DDHH-ED_Programa+Bio+Docs_final.pdf>. Acceso en: 2 enero 2017.

- que deba llevarse a cabo la búsqueda diligente de los titulares de derechos;
- que cubra todos los tipos de obras;
- que se aplique a todos los usos (incluyendo comerciales y no comerciales);
- que esté disponible para todos los tipos de usuarios (institucionales y no institucionales).

Creemos que

una solución de este tipo complementada con guías de buenas prácticas y acompañamiento para instituciones patrimoniales sería, en nuestra opinión, la solución ideal al problema de las obras huérfanas en Colombia. Esta combinación, además de garantizar el respeto por los derechos de los autores y titulares, promovería el uso de las obras huérfanas en un amplio rango, trayendo consigo un gran beneficio social [Botero y Guzmán, 2014:10].

La importancia de encontrar una solución al problema de las obras huérfanas se acentúa frente a los retos que propone el entorno digital en el que hoy están inmersas las bibliotecas, archivos, museos y otras entidades encargadas de proteger la riqueza cultural y fomentar el acceso a la cultura de todas y todos. Estas instituciones, deberían contar con suficientes garantías legales para que dentro de la labor de digitalización de archivos patrimoniales puedan desarrollar proyectos que impliquen la utilización de obras huérfanas. Una política de este tipo abordaría en forma más pertinente las necesidades de instituciones como la Biblioteca Nacional de Colombia, las preocupaciones de expertos como Dora Brausin, e incluiría en la solución a usuarios no institucionales, a los ciudadanos.

Referencias

BAND, Jonathan. Libraries applaud landmark copyright ruling affirming fair use. *Infojustice*. Disponible en: <http://infojustice.org/archives/32826>. Acceso en: 2 enero 2017.

BOTERO, Carolina; GUZMÁN, Luisa. Comentarios al documento "Lineamientos generales para la gestión y mane-jo de obras huérfanas con miras a la construcción de una política pública" del Centro Regional para el Fomento del Libro en América Latina y el Caribe (CERLALC-Unesco), 20 jun. 2014. Disponible en: <https://karisma.org.co/descargar/comentarios-propuesta-cerlalc-sobre-obras-huerfanas/>. Acceso en: 15 jun. 2016.

CASSEDY, Claire. *Discussion on orphan works and mass digitization at US Copyright Office*. Mar. 2014. Disponible en: <http://keionline.org/node/1978>. Acceso en: 15 jun. 2016.

DE BEER, Jeremy; BOUCHARD, Mario. Canada's 'Orphan Works' Regime: unlocatable owners and the copyright board. *Oxford University Commonwealth Law Journal*, v. 10, n. 2, p. 215-254, 2010. Disponible en: <http://ssrn.com/abstract=1916840>. Acceso en: 2 enero 2017.

GOWERS, Andrew. How efficiently does copyright operate? *Gowers Review of Intellectual Property*, p. 40 y segs., 2006. Disponible en: <www.gov.uk/government/uploads/system/uploads/attachment_data/file/228849/0118404830.pdf>. Acceso en: 2 enero 2017.

HANSEN, David R. et al. Solving the orphan works problem for the United States. *Columbia Journal of Law & the Arts*, v. 37, n. 1, 2013. Disponible en: <http://ssrn.com/abstract=2323945>. Acceso en: 1 enero 2017.

HARGREAVES, Ian. *Digital opportunity*: a review of intellectual property and growth. Department for Business, Innovation & Skills. Londres, mayo 2011. p. 38-40. Disponible en: <https://ipo.gov.uk/ipreview-finalreport.pdf>. Acceso en: 2 enero 2017.

HERRERO, Cecilia. La problemática de la obra huérfana para la industria editorial. *Revista Iberoamericana de Derecho de Autor*, CERLALC-Unesco, n. 13, p. 12-49, enero/jun. 2013. Disponible en: <http://docplayer.es/19156351-Revista-iberoamericana-de-derecho-de-autor.html>. Acceso en: 2 enero 2017.

HIGH LEVEL EXPERT GROUP. Copyright Subgroup. *Final report on digital preservation, orphan works, and out-of-print works*. i2010: Digital Libraries, 3 jun. 2008. Disponible en: <www.ifap.ru/library/book305.pdf>. Acceso en: 11 jul. 2017.

IVIR. The recasting of copyright & related rights for the knowledge economy. 2006. Disponible en: <http://ec.europa.eu/internal_market/copyright/docs/studies/etd2005imd195recast_report_2006.pdf>. Acceso en: 11 jul. 2017.

LIFSHITZ-GOLDBERG, Yael. *Orphan works*. WIPO seminar, 2010. Disponible en: <www.wipo.int/edocs/mdocs/sme/en/wipo_smes_ge_10/wipo_smes_ge_10_ref_theme11_02.pdf>. Acceso em: 2 enero 2017.

PAUTASSI, María; MIRANDA, Patricia; RAMÍREZ-ORDÓÑEZ, David. *Informe sobre Derecho de autor en la Biblioteca Nacional de Colombia*. Bogotá, jun. 2014. Disponible en: <www.bibliotecanacional.gov.co/blogs/deposito-digital/files/2014/12/Informederechodeautor-BibliotecaNacionaldeColombia-2014-07-29.pdf>. Acceso en: 2 enero 2017.

SHAHEED, Farida. *Informe sobre Políticas sobre los derechos de autor y el derecho a la ciencia y la cultura*. Naciones Unidas A/HRC/28/57, 2015. Disponible en: <www.ohchr.org/EN/Issue/ulturalRights/Pages/impactofintellectualproperty.aspx>. Acceso en: 15 jun. 2016.

UNIÓN EUROPEA. *The new renaissance*: report of the "Comité des Sages". 2011. Disponible en: <https://publications.europa.eu/pt/publication-detail/-/publication/79a38a23-e7d9-4452-b9b0-1f84502e68c5>. Acceso en: 11 jul. 2017.

UNITED STATES COPYRIGHT OFFICE. *Report on orphan works*: a report of the register of copyrights. 2006. Disponible en: <www.copyright.gov/orphan/orphan-report-full.pdf>. Acceso en: 11 jul. 2017.

6

Parcerias institucionais em bibliotecas virtuais: estudo de caso do Instituto Hercule Florence

Francis Melvin Lee*
Edson Satoshi Gomi**
Roberto Fray da Silva***

Este capítulo explora uma experiência singular no universo dos arquivos, bibliotecas e coleções: o estabelecimento de parcerias institucionais para o desenvolvimento de bancos de dados virtuais e a atualização de seu conteúdo, permitindo a conjugação entre diferentes áreas de conhecimento em prol do acesso a informações sobre temas selecionados. O texto aborda diversas questões ligadas ao projeto, realizado em conjunto pelo Instituto Hercule Florence e o Laboratório de Engenharia de Conhecimento (Knoma) do Departamento de Engenharia de Computação e Sistemas Digitais da Escola Politécnica da Universidade de São Paulo: desenvolvimento e manutenção técnica em parceria; compartilhamento de conteúdos pertencentes a outras instituições (também por meio de parcerias); direitos de autor, propriedade e de uso; financiamento de ações; contrapartidas; vocabulário controlado; catalogação para disponibilização na web, além de apresentar os padrões técnicos utilizados para o trabalho de digitalização, catalogação e disponibilização de imagens e metadados para upload no site <www.ihf19.org.br>, cuja aba "Pesquisa" dá acesso à Biblioteca Virtual IHF.

---

* Superintendente do Instituto Hercule Florence.
** Professor doutor no Laboratório de Engenharia de Conhecimento (Knoma), do Departamento de Engenharia de Computação e Sistemas Digitais da Escola Politécnica da USP.
*** Gerente de projetos da Mercúrio Digitalizações. Doutorando no Programa de Pós-Graduação em Engenharia Elétrica da Escola Politécnica da USP.

O Instituto Hercule Florence (IHF)

O Instituto Hercule Florence (IHF) é uma instituição de pesquisa, depositária de pequeno, mas significativo acervo memorial, que conjuga patrimônio arquivístico e bibliográfico composto por biblioteca de cerca de 4 mil títulos impressos e cerca de 50 manuscritos, arquivos documentais (Fundo Arnaldo Machado Florence, Fundo Érico João Siriúba Stickel, Fundo Rosemaria Erika Horch e Fundo Condessa de Kühnburg) e algumas obras de arte.

A plataforma Papaya

O Laboratório da Brasiliana Digital e o Laboratório de Engenharia de Conhecimento (Knoma) do Departamento de Engenharia de Computação e Sistemas Digitais da Escola Politécnica da Universidade de São Paulo, coordenados respectivamente pelo prof. dr. Pedro Puntoni e pelo prof. dr. Edson S. Gomi, foram os responsáveis pela execução do plano concebido pelo prof. dr. István Jacsó (1938-2010) de desenvolvimento de um sistema de software de interface amigável e código aberto, gratuito, reconfigurável (de forma a permitir o uso por outras bibliotecas virtuais), atualizável (permitindo inserções constantes de novos itens) e interoperável com outros sistemas de acervos digitais.

O primeiro software desenvolvido foi a plataforma Corisco, sistema construído a partir do DSpace[1] e de outros aplicativos que possibilitam a implantação e o gerenciamento de bibliotecas virtuais, disponibilizando na web objetos digitais (texto, imagem, áudio e vídeo) de acesso até então limitado (seja por sua localização, raridade, estado de conservação ou outros fatores). A plataforma Corisco foi desenvolvida no âmbito do projeto por uma Biblioteca Brasiliana Digital, apoiado pela Fundação de Amparo à Pesquisa do Estado de São

---

[1] Disponível em: <www.dspace.org>. Acesso em: 19 jun. 2016.

Paulo (Fapesp) e pelo Banco Nacional de Desenvolvimento Econômico e Social (BNDES) (2008-2010), e foi primeiramente utilizada pela Biblioteca Brasiliana Guita e José Mindlin (Universidade de São Paulo), a qual disponibilizava 3.850 títulos – incluindo publicações impressas (livros e periódicos), manuscritos, itens iconográficos e cartográficos – em junho de 2016.[2]

Com a experiência adquirida no projeto por uma Biblioteca Brasiliana Digital, a equipe do Knoma desenvolveu a plataforma Papaya, também baseada no DSpace, mas com código-fonte e interface totalmente novos.

A plataforma Papaya é instalada sobre o sistema operacional Linux. O DSpace – projeto de código aberto desenvolvido pelo Massachusetts Institute of Technology (MIT) em Cambridge, EUA – é utilizado em centenas de instituições ao redor do mundo.[3] O uso disseminado do DSpace foi uma das razões para sua adoção, garantindo suporte às versões atuais e constante atualização de suas funcionalidades.

Foram acrescentados pelo Knoma o servidor de imagens Adore Djatoka e os visualizadores IIPimage e Book Reader, permitindo que a visualização – seja de documentos de uma única página, livros encadernados, manuscritos, desenhos, fotografias ou grandes mapas – possa ser feita no próprio *browser*, sem a necessidade de realizar download completo do arquivo ou de recorrer a plug-ins ou outros softwares.

Foram também incluídos instrumentos de busca facetada, o que significa que é possível inserir filtros de pesquisa (por exemplo, por campos específicos) e/ou ordenar os resultados (por data crescente ou decrescente, por exemplo).

Além dessas funcionalidades, o Knoma adicionou uma interface web customizável, a qual permite personalizar cada biblioteca virtual com as características da instituição proprietária.

Uma das características importantes da plataforma Papaya é que documentos e seus metadados podem ser encontrados por diferentes

---
[2] Dados. Disponível em: <www.bbm.usp.br/node/27>. Acesso em: 19 jun. 2016.
[3] O DSpace é escrito em linguagem Java, programa que o torna próprio para a web.

serviços de busca e compartilhados por repositórios digitais nacionais e internacionais.[4]

A parceria entre o IHF e o Knoma

Após o sucesso da implantação da plataforma Corisco na Biblioteca Brasiliana Guita e José Mindlin (USP) em 2009, o Laboratório da Brasiliana Digital e o Knoma disponibilizaram o código-fonte, permitindo que seu uso fosse estendido a outras instituições públicas e privadas. Em setembro de 2011, foi iniciada a parceria entre o Instituto Hercule Florence (IHF) e o Knoma. O IHF recebeu inicialmente uma versão da plataforma Corisco; posteriormente, foi feita a migração de seu acervo digital para a plataforma Papaya, devidamente customizada para as especificidades de sua coleção e seu projeto de trabalho – tanto a estrutura do banco de dados quanto a interface com o usuário puderam ser alteradas.[5]

---

[4] A adesão a protocolos abertos é recomendada pela Rede Memorial, que trabalha em prol da definição de uma política pública para a digitalização de acervos memoriais (referentes ao patrimônio cultural, histórico e artístico brasileiro), envolvendo instituições e órgãos dos três níveis de governo e da iniciativa privada. Seus princípios encontram-se na Carta de Recife (a versão 1.0 foi lançada em 2011 e a versão 2.0 no ano seguinte; ver <www.redememorial.org.br/>). As instituições signatárias da Carta de Recife 2.0 incluem o Instituto do Patrimônio Histórico e Artístico Nacional (Iphan), arquivos (inclusive arquivos públicos estaduais, Arquivo da Fundação Bienal de São Paulo, Arquivo da Faculdade de Arquitetura e Urbanismo da Universidade de São Paulo), bibliotecas (como a Biblioteca Brasiliana Guita e José Mindlin), centros de documentação, memória e pesquisa histórica (Unesp, Unicamp, Unifesp), museus (Museu Paulista da Universidade de São Paulo, Museu da Imagem e do Som, Museu da Imigração), institutos (Instituto Butantan, Instituto Hercule Florence, Instituto Moreira Salles, Instituto Ricardo Brennand), Serviço Social do Comércio (Sesc), secretarias de governo e outras instituições. Uma das ações coordenadas pela Rede Memorial foi o lançamento do portal MuseuBR (www.museubr.org), iniciativa resultante de parceria entre o Instituto Brasileiro de Museus (Ibram/MInC), Instituto Brasiliana e Núcleo de Cultura Digital do Centro Brasileiro de Análise e Planejamento (Cebrap) e que reúne informações sobre os 146 museus localizados nas 12 cidades-sede da Copa do Mundo de 2014. O MuseuBR é o primeiro resultado de um projeto de portal sobre as instituições museológicas brasileiras, e será progressivamente ampliado e atualizado.

[5] Algumas informações foram mantidas na home page preexistente do IHF (www.ihf19.org.br), como as recomendações para a obtenção do melhor resultado nas buscas. A página inicial de acesso à biblioteca virtual (http://search.ihf19.org.br:8080/xmlui/) foi também customizada, inserindo-se o logotipo e a comunicação visual do IHF.

Além dos desenvolvedores de software do Knoma, os profissionais envolvidos são aqueles responsáveis pelo fornecimento de imagens e metadados e pelo web designer (responsável pela interface com o usuário, e pela conexão entre a home page institucional e a biblioteca virtual).

A parceria do Knoma com o IHF se dá na forma de apoio tecnológico: todo o desenvolvimento e a manutenção são feitos pelo Knoma, enquanto o IHF é responsável pelo conteúdo. Também é o IHF que estabelece as parcerias com outras instituições museológicas, selecionando e preparando os itens para a biblioteca virtual.

Aspectos técnicos da implantação do acervo digital do IHF

Um dos princípios de atuação: não duplicação

O IHF definiu como um de seus princípios a não duplicação de arquivos digitais, evitando investir esforços em itens que já se encontram disponíveis em outras bibliotecas virtuais e concentrando-se em seus temas de trabalho, material inédito ou de difícil acesso.

Digitalização

Também considerando as características dos arquivos e biblioteca do Instituto Hercule Florence, e a sobreposição com itens de outros acervos, decidiu-se não investir em máquinas especializadas na digitalização de livros encadernados (com uma ou duas câmeras fotográficas), ou em escâneres de varredura (muito úteis na digitalização de jornais, grandes mapas ou desenhos).

A consultora profa. dra. Ana Maria Camargo sugeriu a aquisição de um escâner plano, mas cuja área de digitalização se estendesse até as bordas do aparelho (o que permitiria que um livro ou documento encadernado pudesse ser digitalizado página a página sem prejuízo da encadernação).[6] No processo de escaneamento, já é definida a resolução

---

[6] O volume não precisa ser comprimido contra o vidro para a digitalização de seu conteúdo.

de 600 dpi e também a área-alvo, de modo que não é necessário fazer recortes em etapas posteriores.

Alguns itens – como os manuscritos mais importantes, datados do século XIX – passam primeiramente por um processo de conservação e estabilização, para que o manuseio da obra (feito por um profissional da área de restauro) não prejudique sua preservação física. Os itens mais frágeis foram fotografados com câmera fotográfica digital Hasselblad, resultando em imagens de formato RAW ou TIFF de altíssima resolução, a partir das quais podem ser gerados arquivos JPG ou PDF.

Graças ao software Adore Djatoka,[7] é possível entregar ao usuário tanto imagens JPEG como PDF. Também com o Djatoka é possível visualizar as imagens no próprio *browser*, oferecendo ao usuário uma navegação pelo acervo sem a necessidade de fazer o download das imagens.

Imagens resultantes: formato de arquivos, tratamento

Após a digitalização, é feita uma cópia do arquivo original (seja ele em RAW, TIFF, JPG ou PDF). Para a plataforma Papaya, a cópia é tratada para que o tamanho do arquivo seja reduzido, sem perda significativa de qualidade de visualização ou impressão. As imagens passam por compressão (redução de tamanho) e são disponibilizadas como PDF ou JPG, conforme limites definidos pelo DSpace. No caso de itens compostos de diversas páginas ou partes, as várias imagens são reunidas em um único PDF.

Não é realizada nenhuma intervenção na cor dos documentos (nem mesmo para aumentar o contraste). Nos manuscritos e desenhos originais que são fotografados (e não escaneados), o fotógrafo procura reproduzir, na medida do possível (tendo como objetivo final a legibilidade) as características dos originais, inclusive a cor.

---

[7] Introducing Djatoka: a reuse friendly, open source JPEG 2000 image server. D-*Lib Magazine*, v. 14, n. 9-10, set./out. 2008. Disponível em: <www.dlib.org/dlib/september08/chute/09chute.html>. Acesso em: 19 jun. 2016.

A migração da Biblioteca virtual IHF para uma nova plataforma, a plataforma Papaya, realizada em dezembro de 2015, permitiu que as imagens oferecidas ao usuário não precisassem mais se restringir a limites de tamanho/resolução. Portanto, foram eliminadas as etapas de tratamento em que as informações eram comprimidas/parcialmente perdidas, uma vez que a visualização da imagem automaticamente seguirá as especificações do aparelho a partir do qual a biblioteca virtual está sendo acessada.

OCR e transcrições

Na etapa de tratamento de imagem, também é feito o reconhecimento dos caracteres de texto. Muitos itens disponibilizados pela biblioteca virtual do IHF são manuscritos oitocentistas, com caligrafia cursiva bastante desenhada; documentos tipográficos ou mimeografados do século XX ou artigos de revista ou jornal que têm texto em mais de uma coluna. Em todos esses casos, o OCR automático não gera bons resultados.

Entretanto, oferecer a transcrição do documento é considerado ponto essencial, uma vez que a busca é feita na plataforma não somente por meio de palavras-chave ou dos campos principais, mas também em todas as palavras associadas ao item. Esse é um dos grandes diferenciais do DSpace.

Sendo o objetivo do IHF qualitativo e não quantitativo, oferecer uma boa transcrição para todos os itens é condição imprescindível para sua publicação. Por esse motivo, os OCR gerados automaticamente passam por revisão, sendo frequentemente substituídos integralmente por transcrição feita manualmente (ou seja, digitada caractere por caractere).

Para os manuscritos, desenhos e itens de época, a transcrição é diplomática, ou seja, respeita a ortografia e a gramática da época. Quando o termo é considerado uma palavra-chave, além da grafia original é acrescentada entre colchetes ("[ ]") a grafia atualizada. Isso permite resultados mais precisos para quem faz a pesquisa.

Esta etapa é, de fato, um dos gargalos do processo, uma vez que exige a atuação de um profissional apto a ler a caligrafia desenhada típica do século XIX. Além disso, a quase totalidade dos manuscritos conservados pelo IHF não é escrita em português, exigindo que o profissional responsável conheça outros idiomas e, em alguns casos, também um pouco do assunto tratado.

Embora bastante trabalhoso, esse esforço busca aproximar a biblioteca virtual do IHF aos padrões WAI (*web accessibility initiative*) determinados pelo W3C (World Wide Web Consortium).

Esse cuidadoso procedimento é adotado em todos os itens que apresentam alguma dificuldade de leitura, principalmente os manuscritos e aqueles que produzem OCRs muito deficientes. Softwares que consigam resolver esse problema são um dos vários desafios de pesquisa aos quais o Knoma tem se dedicado.

Devido à priorização dos itens de difícil acesso, algumas publicações (principalmente livros inteiros) não passam por retranscrição, já que a leitura do impresso não oferece dificuldades.

Catalogação

Outro gargalo no processo está na catalogação, a qual segue parâmetros catalográficos e museológicos bastante rígidos e detalhados, registrando o máximo de informações sobre cada item e respeitando sua tipologia.

A preocupação em atender diferentes públicos fez com que o IHF promovesse, na prática, três bancos de dados virtuais.

Para uso interno (e não disponível ao público), a catalogação é registrada em software do pacote Microsoft Office.

Apesar de apresentar algumas restrições (principalmente pelo fato de não ser *open source* e pelo trato com as imagens), o software foi escolhido por sua larga difusão, facilidade de uso e comunicação com outros sistemas. Foi também considerado atenuante o fato de o acervo do Instituto Hercule Florence ser pouco numeroso, conter poucas tipologias e ser alimentado por uma única pessoa.

Essa catalogação para uso interno não é integralmente aproveitada na transposição dos dados para a plataforma Papaya, já que os campos *dublin core* têm estrutura um pouco diferente. Alguns campos têm de ser fundidos em um só (como os dados sobre local e data de publicação, ou as dimensões de uma obra iconográfica), e outros são específicos da biblioteca virtual Papaya IHF (como os campos dedicados a itens provenientes de outros acervos).

Procura-se seguir os padrões definidos no documento "Recomendações para digitalização de documentos arquivísticos permanentes" elaborado pelo Conselho Nacional de Arquivos (Conarq),[8] tanto para a digitalização quanto para a disponibilização da informação.

Thesaurus

Para a implementação do *thesaurus* e do vocabulário controlado na biblioteca virtual Papaya IHF, adotou-se como referência o material produzido pela Fundação Biblioteca Nacional (Rio de Janeiro) e pela Library of Congress (Washington DC, EUA).[9] Como o IHF possui acervo e áreas de interesse muito específicas, o *thesaurus* dessas instituições foi utilizado como base para o desenvolvimento de um *thesaurus* próprio.

Parcerias no conteúdo

Itens de outros acervos também são disponibilizados no Papaya IHF. Aqueles que não receberam detalhamento em suas instituições proprietárias recebem a mesma catalogação exaustiva que o IHF tem como padrão para suas próprias obras.

Nesses casos, o IHF compartilha com as instituições proprietárias todos os dados levantados, assim como suas respectivas transcrições. Exemplos são o diário de Adrien Aimé Taunay (pertencente ao acer-

---

[8] O Conarq, órgão vinculado ao Arquivo Nacional, define a política nacional de arquivos públicos e privados, e define orientações para a gestão e a preservação dos documentos arquivísticos.
[9] Disponível em: <www.loc.gov/library/libarch-thesauri.html>. Acesso em: 19 jun. 2016.

vo do Museu Paulista da Universidade de São Paulo), transcrito por historiador belga, e documentos do Centro de Memória da Unicamp, que serão futuramente transcritos e traduzidos por especialista russo.

Todas essas etapas são de responsabilidade do IHF, que também arca com as despesas de digitalização das imagens, transcrição e, eventualmente, tradução dos textos.

Upload

Concluído o processamento de imagens e a catalogação detalhada, os dados são encaminhados para o Knoma. As imagens seguem em formato JPG ou PDF e os metadados em tabela Microsoft Excel.

O Knoma faz a migração dos metadados do Excel para o DSpace e os associa à respectiva imagem.

Concluída essa etapa de inserção (feita em ambiente Linux), o upload é finalizado e a biblioteca virtual Papaya IHF é atualizada, acrescentando os novos itens aos já disponibilizados anteriormente.

Buscas

Na pesquisa, se o usuário não selecionar um campo específico para sua busca, a plataforma automaticamente vasculha todo o conteúdo do item: não somente os campos catalográficos, mas também a respectiva transcrição e as descrições inseridas nas "propriedades" da imagem.

Outras parcerias institucionais do IHF

Uma característica que distingue a Biblioteca Virtual Papaya IHF das demais está em seu conteúdo, que não se restringe a itens do próprio acervo (como ocorre com as demais entidades que utilizam a plataforma Papaya), mas também oferece ao leitor documentos de outras instituições parceiras, como o Museu Paulista da Universidade de São Paulo, o Instituto Histórico e Geográfico Brasileiro, a Biblioteca

Nacional, o Arquivo Nacional, o Centro de Memória da Unicamp, a Bibliothèque Nationale de France.

As parcerias institucionais permitem destacar documentos selecionados das instituições proprietárias, oferecendo ao usuário um conjunto mais coeso de informações sobre determinadas áreas de pesquisa sobre o século XIX brasileiro.

Os itens provenientes de outros acervos são disponibilizados por meio de termos de cessão entre os parceiros envolvidos. Em alguns casos, a catalogação reproduz os dados fornecidos pela instituição proprietária do original; em outros, foi realizada nova catalogação ou complementação de dados pelo IHF, com base na consulta aos documentos originais e/ou em arquivos virtuais de alta qualidade.

Seja proveniente do acervo do próprio IHF ou de outras coleções parceiras, é princípio do instituto respeitar os direitos de autor e propriedade dos originais. Itens que já caíram em domínio público (70 anos após o falecimento do autor) não deixam de ter seu acervo proprietário assinalado.

Com o Museu Paulista da Universidade de São Paulo e o Instituto Histórico e Geográfico de Mato Grosso foram firmadas parcerias para ações de restauro, conservação, digitalização em alta resolução e disponibilização na web de importantes documentos que pertencem ao Fundo Família Taunay depositado no Museu Paulista da Universidade de São Paulo.

Um desses importantes documentos foi o diário de viagem de Adrien Aimé Taunay (1803-1828), companheiro de viagem de Hercule Florence na Expedição Langsdorff (1825-1829), morto tragicamente durante travessia do rio Guaporé (MT). Em 2013, esse caderno encontrava-se bastante danificado pela água e pela tinta ferrogálica utilizada para a escrita, e muitas de suas anotações encontravam-se ilegíveis.

O IHF foi o responsável pelo custeio das ações de restauro e conservação do documento, executadas pelo Laboratório de Conservação e Restauro Edson Motta (Senai/São Paulo) com o acompanhamento de Ina Hergert, chefe do Setor de Restauro de Obras em Papel do Museu Paulista da Universidade de São Paulo. A digitalização em alta resolução, feita pelo fotógrafo Heitor Florence com câmara Hasselblad, e a catalogação detalhada pelo IHF possibilitaram o registro do estado do caderno antes das intervenções de restauro.

Em contrapartida, o Museu Paulista da Universidade de São Paulo franqueou ao IHF a divulgação na web das imagens e informações resultantes, que estarão acessíveis ao público por meio da home page do Instituto Hercule Florence, com sua devida transcrição.

Processo idêntico ocorreu com o *Álbum (Viagem pitoresca a Mato Grosso)*, caderno de desenhos realizados por Alfredo d'Escragnolle Taunay, o visconde de Taunay (1843-1899), durante as décadas de 1860 e 1870. O item pertence ao acervo do Museu Paulista e encontra-se disponível na web.[10]

Outro exemplo é o caderno de desenhos alcunhado *Expédition au Brésil de la mission russe du Ct Langsdorff: 1824-1829. Album de croquis dessinés par Hercule de Florence*, pertencente à Bibliothèque Nationale de Paris.[11] Após a digitalização encomendada pelo IHF, a biblioteca parisiense utilizou as mesmas imagens em sua biblioteca virtual *Gallica*.

A biblioteca virtual IHF funciona como uma espécie de portal para determinados temas, independentemente da instituição proprietária do conteúdo (que, entretanto, sempre recebe seus devidos créditos). Com esse conteúdo produzido exclusivamente para a web procura-se alcançar o objetivo de universalização dessas informações. O acesso é totalmente aberto e gratuito, sem necessidade de cadastro anterior, pelo site <www.ihf19.org.br> e de sua aba "Pesquisa".

---

[10] Disponível em: <http://search.ihf19.org.br:8080/xmlui/handle/1357/13#page/1/mode/1up>. Acesso em: 19 jun. 2016.

[11] Disponível em: <http://search.ihf19.org.br:8080/xmlui/handle/1357/108#page/1/mode/1up)>. Acesso em: 19 jun. 2016.

Preservação digital

Toda a arquitetura da biblioteca virtual Papaya IHF e os procedimentos para sua manutenção estão registrados em um passo a passo detalhado. Parâmetros e instruções para a digitalização, catalogação, tratamento de imagem e atualização do DSpace encontram-se descritos em um manual detalhado, permitindo que mesmo uma pessoa não especializada faça a atualização do banco de dados.

O IHF não é um órgão público, mas uma Oscip (organização da sociedade civil de interesse público), estabelecida em São Paulo desde 2006. Sua ata de constituição garante que todas as informações coletadas possam sobreviver à instituição. Em caso de dissolução do IHF, o estatuto garante que o acervo será transferido para instituição que tenha objetivos sociais similares e esteja igualmente comprometida com a preservação e divulgação de acervos memoriais digitais.

Perspectivas futuras

A parceria entre o IHF e o Knoma tem como metas:

- revisão completa do conteúdo, com correção de pequenos erros de grafia, alocação de informações etc.;
- revisão de alterações geradas espontaneamente na visualização dos metadados, de acordo com o aparelho usado;
- estudo sobre a possibilidade de inserção dos metadados na própria imagem;
- ampliação dos itens disponibilizados. Apesar de oferecer conteúdo focado na vida e obra de Hercule Florence (1804-1879), na contribuição da Expedição Langsdorff (1825-1829) e de outras missões científicas e artísticas do século XIX, na história do Brasil oitocentista, e de contar com apenas 300 itens até 30 de abril de 2016, a biblioteca virtual já contava com quase 170 mil acessos;

- possibilidade de visualização do material em áudio e vídeo via *browser*. Como alternativa, atualmente esses conteúdos são oferecidos na home page do IHF, com acesso e/ou download gratuito;
- conversão automática dos metadados para o idioma do usuário;
- maior difusão da Biblioteca Virtual IHF, acompanhada de avaliação de alcance e resultados. Devido ao seu estágio inicial, a iniciativa não passou por ações de divulgação intensiva, contando apenas com a propaganda boca a boca e o link em sua home page;
- facilitação do uso da plataforma em tablets e smartphones;
- retificação de imagens curvilíneas (páginas de livros que não podem ser "planificados" na digitalização, sob risco de dano permanente ao original);
- relação entre subitens de um mesmo item;
- outros.

Com a Biblioteca Virtual Papaya, o IHF, por meio de suas parcerias com o Knoma e vários acervos museológicos, procura cumprir o compromisso de coleta, guarda, preservação física e digital, e divulgação desse conhecimento que pertence de fato à sociedade brasileira.

7

Memória estatística do Brasil na Biblioteca do Ministério da Fazenda[*]

Eustáquio José Reis[**]
Maria Gabriela Carvalho[***]

Nas últimas décadas, o desenvolvimento das tecnologias da informação transformou a internet em uma ferramenta fundamental das atividades de pesquisa e educação. Exemplos óbvios e notáveis sãos os mecanismos de busca e enciclopédias online, hoje essenciais no nosso cotidiano, e a ampla oferta de cursos de educação a distância que se reforçam pelo compromisso assumido pelo governo federal de ampliar os esforços de informatização e automação por meio do programa Sociedade da Informação no Brasil, implementado pelo Ministério de Ciência e Tecnologia (MCT).[1]

Mais relevante para os propósitos deste texto são as iniciativas de digitalização e disponibilização dos acervos bibliográficos na internet que possibilitam a democratização do conhecimento de forma ampla, irrestrita e, muitas vezes, gratuita. Destacam-se, pela ampla cobertura do acervo bibliográfico nacional, a Biblioteca Digital da Biblioteca Nacional[2] e, com escopo mais restrito, os esforços pioneiros do projeto

---

[*] Trabalho apresentado no workshop "Acervos digitais: desafios e perspectivas", em 2 de setembro de 2014, na Escola de Direito do Rio de Janeiro da Fundação Getulio Vargas (FGV Direito Rio).
[**] Pesquisador do Instituto de Pesquisa Econômica Aplicada (Ipea/RJ).
[***] Professora do Departamento de História da Pontifícia Universidade Católica do Rio de Janeiro (PUC-Rio).
[1] Para detalhes, ver: <www.inesul.edu.br/site/documentos/sociedade_informacao_brasil.pdf>. Acesso em: 15 jun. 2016.
[2] Disponível em: <https://bndigital.bn.br/>. Acesso em: 15 jun. 2016.

Scielo para prover serviços de busca, documentação, disseminação e disponibilização de informações científicas.

É nesta última linha de atuação que se insere o projeto Memória Estatística do Brasil (MEB), que visa disponibilizar e preservar em meio digital o acervo da Biblioteca do Ministério da Fazenda no Rio de Janeiro (BMF/RJ). Apesar da importância desse acervo para a história econômica, financeira, administrativa e social do Brasil, antes do início do projeto MEB, o acesso dos interessados estava restrito à consulta pessoal no local.

Objetivos do projeto

Os objetivos específicos do projeto Memória Estatística do Brasil são digitalizar e disponibilizar gratuitamente na internet as publicações contendo estatísticas históricas do Brasil do século XIX e primeira metade do século XX que se encontram no acervo da Biblioteca do Ministério da Fazenda no Rio de Janeiro (BMF/RJ). Em sua grande maioria, trata-se de publicações seriadas, em geral relatórios e anuários estatísticos sobre economia, finanças, política, administração, demografia, condições sociais, educacionais e sanitárias. O acervo digitalizado atual conta com, aproximadamente, 4 mil volumes, disponíveis em <www.memoria.org.br> e <www.archive.org/details/memoriaestatisticadobrasil>.

Em termos mais amplos, o projeto visa democratizar o acesso ao conteúdo dessas publicações por meio de sua disponibilização gratuita na internet e, dessa forma, preservar a integridade física do acervo da BMF/RJ, cuja idade, raridade e precariedade do estado de conservação recomendam restrições ao manuseio. Por fim, para o cidadão brasileiro, o acesso ao conteúdo e às estatísticas históricas do acervo é uma forma de se apropriar da memória nacional e, portanto, fonte de conhecimento, gratificação e identidade cultural.

As carências e dificuldades de acesso a estatísticas históricas do Brasil são notórias, particularmente em se tratando dos pesquisado-

Figura 1 | Exemplos de imagens

res, estudantes, professores, universidades e institutos de pesquisa brasileiros localizados longe das poucas cidades onde se concentram bibliotecas com acervos históricos de especial relevância. Nesse sentido, o projeto abre possibilidades inauditas de pesquisas em história do Brasil, com contribuição inestimável para as comunidades científicas nacional e estrangeira nas áreas de história e ciências sociais.

Além da agregação de valor de uso, o projeto propicia aumento significativo no próprio valor de existência do acervo cultural e científico da BMF. É digno de nota e constrangimento que, quando da inauguração do projeto, em 2005, uma das poucas iniciativas na área encontrava-se no Center for Research Libraries nos Estados Unidos, disponibilizando na internet, por meio do Latin American Microfilm Project (LAMP: www-apps.crl.edu/brazil), os relatórios presidenciais, provinciais e ministeriais brasileiros, além do *Almanak Laemmert*.

Obras raras no acervo da BMF/RJ

A justificativa do projeto encontra-se na riqueza bibliográfica, histórica, estatística e, portanto, cultural e científica do acervo da BMF/RJ. A biblioteca, inaugurada em 1944, ocupa 1.200 metros quadrados no Palácio da Fazenda, sede do Ministério da Fazenda (MF) até 1972. Na época de sua inauguração, 16 acervos de órgãos ligados ao MF foram desativados, e seus 27 mil volumes foram reunidos no novo espaço. Ao longo dos anos, o acervo cresceu, incorporando também acervos da Alfândega do Rio de Janeiro e de outras instituições governamentais, como as bibliotecas do Instituto do Açúcar e do Álcool (IAA) e do Instituto Brasileiro do Café (IBC).

A BMF/RJ conta hoje com mais de 150 mil volumes especializados em economia, direito, administração e finanças públicas, dos quais pelo menos 1.200 podem ser classificados como obras raras no sentido estrito, como os *Diários Oficiais* (desde seu primeiro número *in folio*, de outubro de 1862), o exemplar da *Tarifa das alfândegas* de 1890 e a *Coleção de leis do Brasil*, editada desde a chegada da Corte em 1808. Essas obras, que desde 1978 passaram a ocupar uma seção específica dentro da BMF/RJ, motivaram o projeto MEB na Biblioteca do Ministério da Fazenda no Rio de Janeiro.

Entre as obras raras da BMF/RJ destacam-se: a *Tabela geral de rendimentos e despesas do Real Erário* (1811), detalhando despesas e receitas da Coroa portuguesa no Brasil, das ordens militares, entre outros; o *Balanço da dinastia: despesas da casa e família imperial desde o ano de 1808 até o dia 15 de novembro de 1889* (1890), com dados diversos sobre despesas e receitas da família imperial desde a chegada da Corte até a proclamação da República, além de obras como *As estradas de ferro do Brasil em 1879* (1880), com informações sobre tráfego, extensão, movimento de passageiros, material rodante e outras estatísticas relevantes para o estudo das ferrovias nacionais no período imperial, e a publicação do suíço Julius Meili *O meio circulante no Brasil: a moeda fiduciária no Brasil – 1771 a 1900*, na qual o autor descreve os mais diferentes tipos de moeda cunhadas nas casas da moeda e em circulação desde o Brasil colônia.

Figura 2 | Exemplos de obras raras da BMF/RJ

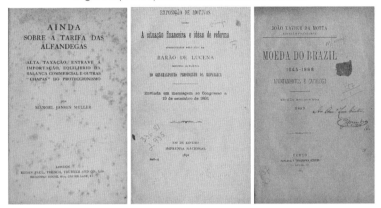

Para a preservação da memória estatística do Brasil, contudo, além da raridade bibliográfica *stricto sensu*, interessa toda e qualquer publicação ou documentação seriada ou singular que contenha *dados e estatísticas econômicas, financeiras, demográficas, sociais e políticas do Brasil*. Portanto, de acordo com a instituição, para essa classificação foram considerados tanto os critérios de antiguidade e raridade da obra quanto o de valor das informações e dados histórico-sociais.

Nessa concepção, o acervo de obras raras alcança dezena de milhares de volumes. Na verdade, um número significativo de *publicações e informações estatísticas que são talvez únicas no Brasil* e, exatamente devido a isso, estão particularmente sujeitas a consultas relativamente frequentes e manuseio intenso. Note-se, por fim, que no período histórico relevante para o projeto inexistia o sistema estatístico nacional, que se inaugura com o Instituto Brasileiro de Geografia e Estatística (IBGE) em 1937 e com a Fundação Getulio Vargas (FGV) em 1945.

Em termos de preservação, ressalta-se que, após um século de exposição à umidade típica da cidade do Rio de Janeiro, o acervo bibliográfico foi posteriormente submetido ao ressecamento que caracteriza os ambientes com sistemas de ar-condicionado instalados sem as devidas precauções e com tecnologia inadequada para a preservação de obras raras. As condições climáticas variadas e adversas, bem como a passagem do próprio tempo, fizeram com que parte considerável do papel impresso se tornasse especialmente acidificado, corroído e quebradiço, implicando a perda de informações históricas e estatísticas, sobretudo quando manuseado sem a devida cautela. Por fim, nota-se que, apesar da importância científica que esses acervos estatísticos possuem para a memória histórica do país, dificilmente apresentam atrativos para iniciativas de republicação em formato impresso.

Coleções digitalizadas

Entre as publicações já digitalizadas e disponibilizadas pelo projeto, mencionam-se os recenseamentos realizados em diferentes épocas e locais: os estatísticos sobre finanças públicas desde 1830; de comércio exterior e transporte desde 1840; as estatísticas ferroviárias desde 1870; e os relatórios das comissões de reforma tarifárias desde 1825.

Figura 3 | Exemplos de imagens

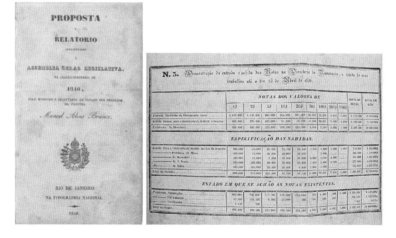

Para ilustrar o acervo digital do projeto, listam-se coleções já digitalizadas ou selecionadas para digitalização. Para um rol completo do acervo digital, remete-se o leitor a <www.memoria.org.br>.

- Os *Relatórios do Ministério da Fazenda*, desde 1825 até hoje em dia, constituem fonte de inestimável valor para o estudo das finanças públicas do Brasil.
- Os *Balanços da receita e despesa do Império do Brasil*, que contêm os balanços contábeis anuais das receitas e despesas efetivas e orçadas publicados pelo ministro da Fazenda desde 1821. Essa coleção foi digitalizada em parceria com a Biblioteca Nacional (BN) suprindo lacunas de volumes da coleção da BMF que estavam disponíveis nos microfilmes da BN.
- A *Coleção de mapas estatísticos de comércio e navegação do Império do Brasil com suas províncias e países estrangeiros*, publicação sobre exportações e importações internacionais e de cabotagem nos portos nacionais e o movimento de entrada e saída de embarcações nacionais e estrangeiras desde 1839. Os dados são particularmente detalhados para a década de 1870 graças à elaboração de Sebastião Ferreira Soares.
- As publicações sobre *estatísticas do comércio* interior e exterior da República, a estatística aduaneira, a do movimento marítimo e a dos bancos, elaboradas a partir de 1911 pela Diretoria de Estatística Comercial, diretamente subordinada ao ministro da Fazenda, com diversos títulos: *Comércio de cabotagem do Brasil*; *Comércio de cabotagem do Brasil por principais mercadorias segundo procedências e destinos*; *Comércio exterior do Brasil por mercadorias segundo os países*; *Comércio exterior do Brasil – importação, exportação*; *Comércio exterior do Brasil – resumo por mercadorias*; *Comércio exterior do Brasil boletim mensal*; *Comércio exterior do Brasil por portos, segundo as mercadorias*.
- A série *Estatísticas Econômicas*, publicação trimestral da Diretoria de Estatística Econômica e Financeira do Tesouro Nacional – Ministério da Fazenda, com início em 1936.
- A série *Finanças do Brasil*, publicação da Comissão de Estudos Financeiros e Econômicos dos Estados e Municípios, criada em 1931 sob a coordenação de Valentim Bouças, representante técnico do Ministério da Fazenda.

- A série *Mensário Estatístico*, editada pelo Serviço de Estatística Econômica e Financeira do Ministério da Fazenda, divulgando, a partir de 1951, o resumo de todas as apurações feitas pelas seguintes repartições subordinadas ao Ministério da Fazenda: Conselho Superior das Caixas Econômicas Federais, Caixa de Amortização, Casa da Moeda, Departamento Federal de Compras, Serviço de Estatística Econômica e Financeira, Diretoria das Rendas Aduaneiras, Diretoria das Rendas Internas, Contadoria Geral da República, Divisão do Imposto de Renda, Conselho Técnico de Economia e Finanças, Recebedoria do Distrito Federal e Departamento Nacional do Café. Inclui, ainda, estatísticas do Banco do Brasil e da Câmara Sindical da Bolsa de Valores. A série foi publicada até 1969.
- A série *Wileman Brazilian Review*,[3] coleção do periódico semanal publicado desde março de 1898 até julho de 1941. O editor original da revista foi J. P. Wileman. As informações e estatísticas econômicas e financeiras coletadas e publicadas de forma sistemática ao longo dos 43 anos de existência da publicação possuem valor inestimável para a história econômica brasileira. Destaca-se, nesse sentido, o acompanhamento semanal do movimento do comércio exterior brasileiro e das cotações de câmbio e juros nos mercados doméstico e internacional. A importância desse acervo de informações é ressaltada quando se consideram as lacunas estatísticas do período da publicação, que antecede a criação do sistema estatístico brasileiro no final dos anos 1930. A coleção foi publicada em parceria com a Biblioteca Nacional, que forneceu as imagens digitais.
- Os *Censos Econômicos e Demográficos*, publicados entre 1872 e 1960. Essa coleção, realizada com a parceria do IBGE, foi o ponto de partida do projeto tendo como objetivo a digitalização do Recenseamento Geral do Brasil em 1920, que apresenta, em seus 19 volumes, o primeiro censo econômico do Brasil.

---

[3] Somos gratos ao professor Marcelo de Paiva Abreu, do Departamento de Economia da PUC, pela concepção e pelo apoio na republicação digital dessa coleção.

- Os *Anuários de Estatística Demógrafo-Sanitária*, a partir de 1890 até a década de 1930, contendo observações meteorológicas, além dos dados sobre movimento de passageiros estrangeiros nos portos do Rio de Janeiro, dados sobre domicílios onde foram identificados casos de febre amarela, varíola, entre outros.
- A *Retrospectiva Anual do Jornal do Commercio*, estendendo-se de 1870 a 1950, com a crônica dos principais eventos econômicos e financeiros do ano, focando em particular a praça do Rio de Janeiro.
- Os *Relatórios da Estrada de Ferro D. Pedro II de 1855 a 1889 e da Estrada de Ferro Central do Brasil de 1890 até 1957*, projeto de digitalização planejado para 2016 em colaboração com o Museu do Trem do Iphan, no Rio de Janeiro, que é depositário da coleção. Trata-se de acervo precioso por sua raridade e dificuldade de acesso nas demais bibliotecas brasileiras e no exterior, sobretudo tendo-se em conta o pioneirismo e a importância fundamental das estradas de ferro D. Pedro II e, posteriormente, da Central do Brasil na história do Brasil. A coleção contém informações e estatísticas de valor inestimável para as histórias tecnológica, econômica, financeira, empresarial e cultural do Brasil. Destacam-se dados sobre fluxos de mercadorias, receitas e despesas operacionais, valores dos ativos reais e financeiros, descrição técnica do material rolante, máquinas e equipamentos, ferrovias e obras de arte existentes.

Instituições envolvidas, financiamento e parcerias

O projeto é desenvolvido conjuntamente pela BMF/RJ e pelo Instituto de Pesquisa Econômica Aplicada (Ipea) contando, desde março de 2012, com a parceria do Internet Archive (IA). A concepção, desenvolvimento e organização do projeto são de responsabilidade de Eustáquio J. Reis, técnico do Ipea.

O projeto teve início em 2005, por iniciativa do Núcleo de Estudos e Modelos Espaciais Sistêmicos (Nemesis), patrocinado pela Fundação de Amparo à Pesquisa do Estado do Rio de Janeiro (Faperj) e pelo Conselho Nacional de Desenvolvimento Científico e Tecnológico (CNPq),[4] que aportou grande parte dos recursos financeiros necessários para adquirir a mesa digitalizadora para livros (bookscanner) Seleconta SC-7000 com tecnologia Fujitsu/Konica utilizada pelo projeto no período de 2005 a 2012, bem como grande parte dos programas computacionais e serviços de programação utilizados para a recuperação das informações em formatos eletrônicos específicos. Mais recentemente, esses recursos permitiram a aquisição dos equipamentos computacionais e fotográficos necessários à migração do projeto para a tecnologia Scribe do Internet Archive.

As atividades do projeto são desenvolvidas na própria BMF/RJ, sendo coordenadas com o apoio e expertise de suas bibliotecárias Kátia Oliveira e Vera Guilhon. Além das excelentes instalações físicas, o MF provê recursos para bolsas de estágios e outros gastos correntes, como a conexão de internet. O Ipea fornece, por meio da colaboração de seus técnicos, consultoria nas áreas de economia, história, organização de bases de dados e informática, essenciais para a seleção, classificação, indexação, bem como escolha de tecnologias de arquivamento, digitalização e divulgação pela internet do acervo da BMF. Fornece também, por intermédio do Programa Nacional de Pesquisa para o Desenvolvimento (PNPD), bolsas de estudos para pesquisadores e estagiários que colaboram nessas atividades. A equipe de trabalho conta atualmente com um assistente de pesquisa e cinco estagiários.

O terceiro parceiro do projeto é o Internet Archive, uma instituição sem fins lucrativos localizada em São Francisco, EUA, fundada em 1996 com o objetivo explícito de construir uma biblioteca da internet. Atualmente, o Internet Archive oferece acesso permanente

---

[4] Os financiamentos da Faperj e do CNPq se deram, em grande parte, no âmbito do Programa de Apoio a Núcleos de Excelência (Pronex), que se estendeu de 2004 a 2012 (Proc. Faperj nº E-26 171.185/2003, nº E-26 171.518/2006 e nº E-26 152.638/2006; CNP nº 02091/2005-3). Ficam aqui registrados nossos agradecimentos à Faperj e ao CNPq.

e gratuito às coleções históricas, arquivadas em formato digital, de textos, áudios, filmes, vídeos, imagens de todos os tipos e software, bem como web pages, para pesquisadores, historiadores, acadêmicos e para o público em geral. Provê também serviços especiais para leitura e acesso a informações para pessoas portadoras de deficiências.

O Internet Archive fornece gratuitamente a tecnologia Scribe de digitalização que, além das estações de digitalização, inclui os programas associados de indexação, tratamento de imagens, armazenamento e disponibilização do acervo pela internet em vários formatos, como arquivos de imagem (e.g., jp2000), formatos com acesso à busca (e.g., PDF), registros de catálogos em formato MAR e arquivos em formatos que permitem o reconhecimento ótico de caracteres (OCR) e possibilitam o acesso aos deficientes visuais. Além disso, o Internet Archive provê gratuitamente o trabalho de pós-edição das publicações digitalizadas. Essas vantagens permitem maior eficiência e um potencial significativamente mais amplo de preservação e divulgação do acervo digitalizado pelo projeto MEB.

A parceria com o Internet Archive foi iniciativa do próprio projeto MEB na busca de maior sustentabilidade tecnológica. A tecnologia inicialmente escolhida pelo projeto recaiu na copiadora (*bookscanner*) Fujitsu/Konica, modelo LC-7000 que, além do preço elevado, apresentava o problema da carência de assistência técnica no Brasil. Felizmente, o desempenho do equipamento nos primeiros anos foi plenamente satisfatório, mas sua reposição defrontava-se com escolhas difíceis não só pelo custo, mas pelo dinamismo e obsolescência tecnológica característicos do setor. Poder contar com o apoio de uma instituição com tecnologia de ponta e capacidade de evolução representou, portanto, uma oportunidade ímpar. Além disso, a parceria com o Internet Archive significou o fortalecimento institucional do projeto pela maior formalização do compromisso do MF e pelo consequente alongamento do horizonte de vida do projeto.

Os contatos iniciais para a parceria com o Internet Archive foram realizados em 2011 por Lucas Mation, técnico do Ipea e colaborador do projeto. O Internet Archive prontamente demonstrou interesse no projeto pelo reconhecimento do interesse e valor do acervo que é objeto do MEB. Seguiu-se uma visita técnica do seu diretor de publicações, Robert Miller, para discutir os termos de entendimento do acordo de parceria. Uma vez formalizado o acordo, o Internet Archive, em março de 2012, enviou uma equipe de técnicos para instalação das estações de trabalho e treinamento da equipe do projeto.

A partir de 2015, contudo, o Internet Archive, premido pelas necessidades financeiras impostas pelas dimensões assumidas por seu acervo, introduziu modificações nos termos das parcerias com as instituições colaboradoras nos diversos países, bem como inovações técnicas, tendo em vista a redução de custos. Assim, as estações de trabalho tornaram-se menores, mais portáteis, mais fáceis de montar, mas não são mais gratuitas. Ademais, os serviços de pós-edição passam a ser cobrados com base no número de imagens digitalizadas. Devido a isso, atualmente o projeto MEB encontra-se negociando novos termos de entendimento para o acordo de parceria com o Internet Archive.

Para suprir lacunas porventura existentes nas coleções e publicações seriadas do acervo da BMF/RJ, o projeto MEB busca, sempre que possível, parcerias com outras instituições. Exemplos notáveis de lacunas eram, entre outras, os anos faltantes, de 1821 a 1860, do *Balanço do Império do Brasil*, bem como vários volumes nas coleções dos censos demográficos e econômicos e dos relatórios econômicos das estradas de ferro brasileiras.

No intuito de suprir as lacunas identificadas, o projeto recorreu a parcerias com outras instituições, como a Biblioteca Nacional (FBN), o Instituto Brasileiro de Geografia e Estatística (IBGE), além dos arquivos e bibliotecas estaduais e municipais, como Arquivo Público Mineiro (APM), o Museu do Trem do Iphan, entre outros. Essas instituições disponibilizam fisicamente as publicações para serem digitalizadas pelo projeto ou, o que é mais comum, disponibilizam as imagens já digitalizadas para a publicação na internet.

Ampliando o escopo do projeto, outro tipo de parceria foi iniciado, em 2013, com a Universidade Federal de Campina Grande (UFCG), na Paraíba, no âmbito do projeto Ciência Cidadã, que é integrante do projeto Socientize (www.socientize.eu/?q=pt-pt/content/socientize). A finalidade dessa parceria é desenvolver plataformas colaborativas (*crowdsourcing*) para estimular e facilitar a colaboração voluntária das pessoas que se disponham a transcrever em formatos editáveis (editores de textos ou planilhas) as tabelas e outros conteúdos de publicações digitais selecionadas no acervo do projeto.

Naturalmente, a transcrição de dados tabulares é também realizada no âmbito do próprio projeto, como parte de suas atividades de pesquisa. O objetivo é compilar em formato de planilhas as estatísticas históricas sobre as condições demográficas, sociais, econômicas e financeiras do país e, sobretudo, dos estados e municípios brasileiros durante o século XIX e a primeira metade do século XX, quando inexistia um sistema estatístico nacional. Essa linha de ação visa complementar os esforços de sistematização das estatísticas históricas brasileiras ora em desenvolvimento no Ipeadata.

Como desdobramento futuro do projeto, planeja-se também o desenvolvimento de plataforma colaborativa (*crowdsourcing*) para a inclusão de documentos e bases de dados históricas sobre temas, períodos e localizações variadas que já se encontrem compiladas em arquivos em formatos editáveis por pesquisadores individuais e instituições de pesquisa externas ao projeto. A identificação, compartilhamento, digitalização, documentação e gestão das bases de dados e documentos históricos constituem os problemas cruciais para a implementação dessas plataformas.

Atividade e rotinas internas do projeto

Para as atividades de digitalização, são necessárias tarefas de organização de bases de dados bibliográficas, implicando, primeiro, a identificação, seleção e avaliação das publicações do acervo com conteúdo estatístico relevante; segundo, catalogar as publicações por autores, temas, fontes, épocas, anos de publicação e cobertura, níveis e unidades político-administrativas e demais atributos relevantes; terceiro, identificar e, na medida do possível, suprir lacunas nas coleções seriadas do acervo; quarto, disponibilizar essa catalogação com acesso universal e gratuito na internet.

Em termos mais específicos, as tarefas necessárias à execução do projeto são as seguintes:

- A equipe do MEB seleciona a obra para digitalização, buscando a ficha catalográfica e a(s) publicação(s) física(s) correspondente(s).
- A equipe do MEB registra os metadados das obras selecionadas (autor, título, imprenta, comentários e observações etc.) para carregamento online no sistema do IA por meio de planilhas online. Cabe mencionar que a BMF utiliza o Anglo-American Cataloguing Rules (AACR2) como método de catalogação, a Classificação Decimal Universal (CDU) como sistema de classificação documentária, e o padrão MARC21 como formato para dados bibliográficos. A BMF utiliza ainda o sistema integrado de bibliotecas Pergamum como software de gerenciamento.
- O IA gera automaticamente o código identificador associado aos metadados da obra e seu endereço (URL) na internet, bem como autoriza sua digitalização nas estações de trabalho Scribe.
- A equipe do MEB seleciona a obra na estação de trabalho Scribe pelo código identificador e, em seguida, digitaliza a obra. As imagens digitalizadas são automaticamente associadas ao código identificador e, uma vez salvas, são enviadas para o IA. Essas operações geram metadados técnicos e administrativos adicionais.
- A equipe do IA revisa as imagens digitalizadas, solicitando correções, se necessárias, que serão feitas pela equipe do MEB. Essa operação gera revisão dos metadados técnicos e administrativos adicionais.
- Aprovada a digitalização, as imagens em oito formatos (read on line, pdf, ocr html, djvu, epub, daisy, kindle, full text) são geradas e disponibilizadas na página do IA. Essa operação gera

metadados técnicos e administrativos adicionais. A plataforma <www.memoria.org.br>, ora em desenvolvimento, busca automaticamente no sistema IA as imagens digitalizadas bem como os metadados técnicos e administrativos associados à obra. Essa plataforma disponibilizará as imagens nos formatos selecionados.

Figura 4 | O fluxograma das atividades e tarefas do projeto

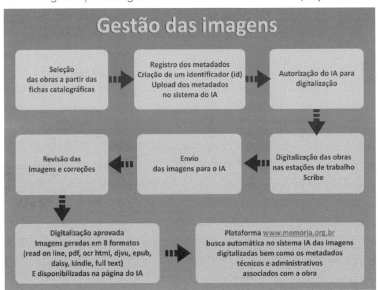

Fontes de inspiração

As fontes de inspiração conceitual e técnica do projeto, mantidas as devidas proporções, encontram-se em projetos como o Latin American Project da Union of Research Librarian, que reproduziu os relatórios presidenciais, provinciais e ministeriais brasileiros de 1822 a 1960 e se encontra no sítio eletrônico da Universidade de Chicago. Grande parte desse projeto foi realizada por Anne Hartness, a quem registramos nosso grato reconhecimento.

Outros projetos dignos de nota são: LexisNexis (www.lexisnexis.com), cujo objetivo é digitalizar, indexar e disponibilizar na internet 200 anos documentos não sigilosos do governo dos EUA; A Million Books (www.library.cmu.edu/Libraries/MBP_FAQ.html) da Universidade Carnegie Mellon; e a Biblioteca Infinita do Google.

Referências

BATKE, Peter. *Google Books*: Google Book Search and its critics. Durham: Peter Batke, 2010.

BRASIL. Ministério da Fazenda. Superintendência Regional do Estado Rio de Janeiro. Setor de Documentação. Biblioteca. *Obras raras existentes na BMF/RJ*. Ed. comemorativa dos 40 anos da inauguração da BMF/RJ. Rio de Janeiro: Centro de Serviços Gráficos do IBGE, 1984.

BRAZILIAN GOVERNMENT DOCUMENTS. *Latin American Microfilm Project* (LAMP). Chicago: Center for Research Libraries (CRL). Global Resources Network, 2016. Disponível em: <www-apps.crl.edu/brazil>. Acesso em: 4 maio 2016.

COHEN, Daniel J.; ROSENZWEIG, Roy. *Digital history*: a guide to gathering, preserving and presenting the past on the web. Filadélfia: University of Pennsylvania, 2005. Disponível em: <http://chnm.gmu.edu/digitalhistory>. Acesso em: 4 maio 2016.

DATAVERSE. *Data Science*: enhancing data sharing and analysis. Disponível em: <http://datascience.iq.harvard.edu/>. Acesso em: 5 maio 2016.

GRAHAM, Ann Hartness. *Subject guide to statistics in the presidential reports of the Brazilian provinces, 1830-1889*. Austin: Institute Of Latin American Studies, University of Texas, 1977.

HARTNESS, Ann. *Brazil in reference books, 1965-1989*: an annotated bibliography. Metuchen: Scarecrow, 1991.

INTERNET ARCHIVE. *Wikipédia, a enciclopédia livre*. Flórida: Wikimedia Foundation, 2016. Disponível em: <https://pt.wikipedia.org/w/index.php?title=Especial:Citar&page=Internet_Archive&id=45260464>. Acesso em: 4 maio 2016.

KLEIN, Herbert; LUNA, Francisco Vidal. Sources for the study of Brazilian economic and social history on the internet. *Hispanic American Historical Review*, Duke University Press, v. 4, n. 84, p. 701-715, nov. 2004. Disponível em: <www-apps.crl.edu/brazil>. Acesso em: 5 maio 2016.

ROUSCH, Wade. The infinite library. *MIT Technology Review*, Cambridge, MA. 1º maio 2005. Disponível em: <www.technologyreview.com/s/404002/the-infinite-library/>. Acesso em: 4 maio 2016.

Sites

<www.cmu.edu/news/archive/2007/November/nov27_ulib.shtml>.
<http://www-apps.crl.edu/brazil>.

8

Causando um grande impacto com um pequeno orçamento: como o LSH compartilhou sua coleção com o mundo*

*Joris Pekel***

> *Queríamos que a coleção fosse o mais aberta possível. Parecia a coisa certa a fazer. Com isso em mente, escolhemos as licenças que mais se adequavam à nossa missão.*[1]

Este texto é o segundo artigo em uma série de estudos de caso desenvolvidos pela Europeana, que exploram os efeitos da disponibilização de coleções digitais por instituições culturais, tornando-as disponíveis para todos, sem restrições. O objetivo da série é descrever o processo completo da abertura de uma coleção por sua instituição. Aqui, são relevantes tanto os aspectos técnicos e jurídicos, quanto a base de dados interna e as decisões tomadas.

Nas últimas décadas, mais instituições culturais começaram a disponibilizar suas coleções de forma aberta.[2] Centenas de instituições

---

* Este capítulo é uma tradução do texto "Making impact on a small budget: how the Livrustkammaren och Skokloster slott med Stiftelsen Hallwylska museet (LSH) shared their collection with the world", de Joris Pekel (2015). Disponível em: <http://pro.europeana.eu/files/Europeana_Professional/Publications/Making%20Impact%20on%20a%20Small%20Budget%20-%20LSH%20Case%20Study.pdf>. Licenciado em: CC-BY-SA. A tradução foi feita por Julia Nemirovski em 2016.
** Coordenador comunitário para patrimônio cultural da Fundação Europeana. Mais sobre o autor no fim do capítulo.
[1] Entrevista com Karin Nilsson em 12 de novembro de 2014.
[2] Ver, por exemplo, o Plano Estratégico Europeana 2020, que inclui os números da pesquisa Enumerate. Disponível em inglês, italiano, francês, espanhol, alemão e polonês em: <http://strategy2020.europeana.eu/>.

agora permitem acesso a milhões de objetos culturais e contribuem enormemente para um mundo onde qualquer pessoa pode ter acesso à cultura e ao conhecimento, sem restrições. O motivo para fazê-lo nem sempre é o mesmo. Algumas instituições, por exemplo, entendem que é seu dever atender ao interesse público e acreditam que é a coisa certa a fazer. Outras pretendem enriquecer suas coleções ao conectá-las às de outras instituições. Um argumento frequentemente evocado é o de que disponibilizar a coleção na internet, de forma aberta, pode aumentar consideravelmente a visibilidade da coleção e da instituição à qual ela pertence.

Diversos estudos de caso excelentes foram escritos sobre o tema, por exemplo, o da comunidade GLAMwiki,[3] que ajudou, em colaboração com diversas instituições, a compartilhar coleções e a torná-las mais conhecidas. Entretanto, a maior parte deles analisa os resultados da colaboração. Onde estão sendo utilizadas essas imagens? Quantas vezes elas foram acessadas? Ainda que esses casos sejam ótimos para demonstrar o impacto da disponibilização do acervo, eles são menos focados nos processos internos da instituição anteriores à abertura da coleção. O que motivou a instituição a tratar desse tema? Qual foi a reação dos outros departamentos e da alta gerência? Isso fazia parte de uma estratégia digital?

Por esse motivo, nós, da Europeana, começamos a tratar do assunto mais detalhadamente em uma série de relatórios técnicos. O primeiro relatório foi publicado em meados de 2014, e enfocava o Rijksmuseum, na Holanda. A publicação de sua coleção digital, sem restrições, provou ser um grande sucesso, e eles ganharam reconhecimento internacional com o Rijksstudio.[4] Entretanto, outra crítica a esse caso foi a de que a maioria das instituições não poderia copiar tal modelo. O Rijksmuseum permaneceu fechado praticamente por completo enquanto a digitalização do acervo era feita, o que deixou bastante espaço disponível para trabalhar sua presença online. Ele é também um dos museus mais visitados no mundo, e possui uma

---

[3] Disponível em: <https://outreach.wikimedia.org/wiki/GLAM/Case_studies>. Acesso em: 4 jan. 2015.
[4] Disponível em: <www.rijksmuseum.nl/en/rijksstudio>. Acesso em: 4 jan. 2015.

quantidade considerável de recursos para digitalização, marketing e licenciamento de direitos autorais. A maior parte das instituições na Europa não tem tudo isso à disposição. Seria, portanto, difícil comparar instituições de pequeno e médio portes com o Rijksmuseum como se semelhantes fossem, ou ainda copiar integralmente seu modelo.

Este texto, portanto, trata de uma instituição com um orçamento consideravelmente menor para, assim, investigar como eles aprimoraram sua coleção digital com recursos limitados. Este artigo explora a preparação, as decisões tomadas, o processo, e os resultados. O objetivo é que sirva como um exemplo útil para instituições de pequeno e médio portes.

Além de descrever o processo, este texto analisará também algumas questões relativas aos direitos autorais que precisaram ser tratadas. O relatório do Rijksmuseum discute situações nas quais a digitalização cria novos direitos autorais, e a questão de como lidar com a digitalização de materiais em domínio público. Este trabalho partirá daí para, em seguida, tratar da diferença na criação de direitos autorais para objetos bi e tridimensionais.

Para este estudo de caso, trabalhamos com o Livrustkammaren och Skokloster slott med Stiftelsen Hallwylska Museet (LSH), na Suécia. As informações baseiam-se, sobretudo, em entrevistas feitas com a diretora do Departamento de Recursos Digitais e em relatórios anteriores sobre o trabalho. A transcrição completa da entrevista com a diretora do departamento, Karin Nilsson, pode ser encontrada no anexo deste capítulo (p. 206).

Sobre a instituição

O LSH[5] é uma autoridade pública na Suécia. É formado por três museus. O Livrustkammaren (A Armaria Real), o Skokloster Slott (O Castelo Skokloster) e o Hallwylska museet (o museu Hallwyl). Todos os três museus ficam em Estocolmo, mas são gerenciados por uma única equipe centralizada.

---

[5] Disponível em inglês e sueco em: <http://lsh.se/en>. Acesso em: 4 jan. 2015.

Figura 1 | Skokloster Castle, Suécia

Por Marcinek (obra própria) (CC BY-SA) via Wikimedia Commons.[6]

A equipe é formada por 50 pessoas, que trabalham para todos os três museus, e inclui curadores, administradores e alguns guias. Possui um orçamento anual de, aproximadamente, 7 milhões de euros.[7] Essa é a soma da receita dos bilhetes de entrada e do financiamento recebido. Em 2014, os três museus receberam juntos por volta de 393 mil visitantes. Sua coleção é um tanto diversificada, em grande medida por serem três diferentes instituições. O Skokloster Slott abriga, sobretudo, itens e obras de arte que foram colecionados pelos proprietários originais do castelo; a Armaria Real possui uma coleção de objetos militares históricos; e o museu Hallwyl possui, junto de sua grande coleção de arte e de antiguidades, diversos álbuns de fotografias das numerosas viagens da família Hallwyl. O LSH abriga ainda uma biblioteca com aproximadamente 19 mil livros. O número de objetos físicos dos três museus juntos é de cerca de 90 mil.

---

[6] Disponível em: <https://commons.wikimedia.org/wiki/File:Skoklosterslott666.JPG>. Acesso em: 4 jan. 2015.

[7] Retirado do Relatório Anual de 2014. Disponível apenas em sueco em: <http://lsh.se/sites/lsh.se/files/pdf/lsh_arsredovisning_2014.pdf>. Acesso em: 4 jan. 2015.

Assim como muitos outros museus,[8] eles começaram a digitalizar sua coleção. O museu tem dois fotógrafos, e, conforme o tipo de trabalho, é possível digitalizar de uma a algumas centenas de itens por dia. Em seguida, a equipe responsável pelas coleções digitais acrescenta os metadados relevantes e tudo isso é publicado em seu servidor. Hoje, em torno de 40 mil objetos estão disponíveis online, e o museu espera completar o processo com toda a coleção por volta de 2025.

O Open Image Archive

Em 2012, os três museus foram reorganizados e foi redigida uma estratégia digital para seus arquivos digitais. Assim surgiu a proposta de projeto para o que é conhecido como o "Open Image Archive", ou seja, Arquivo de Imagens Abertas. Isso foi estabelecido tendo em vista as seguintes metas:

- expandir a interface digital pública do banco de dados existente com um novo módulo, para que fosse possível disponibilizar imagens de alta resolução (essa interface incluiria ainda uma função para baixar as imagens de alta resolução);
- aprimorar a qualidade dos metadados com, por exemplo, palavras-chave, para facilitar a pesquisa, modelos de licenciamento e informações sobre os fotógrafos;
- criar um servidor que permitisse que a coleção fosse acessada, entre outros, pelo Swedish Open Cultural Heritage (SOCH), um serviço de internet utilizado para pesquisa e acesso a informações e mídias do patrimônio cultural sueco;
- providenciar indicação de direito para todas as imagens;
- doar, quando os direitos autorais permitissem, todas as imagens de alta resolução para o Wikimedia Commons,[9] com links para a base de dados do museu.

---

[8] Números exatos podem ser encontrados na pesquisa Enumerate 2. Disponível apenas em inglês em: <http://www.enumerate.eu/fileadmin/ENUMERATE/documents/ENUMERATE-Digitisation-Survey-2014.pdf>.

[9] Disponível em: <https://commons.wikimedia.org/wiki/Main_Page>.

A proposta para o Open Image Archive foi enviada para o Vinnova,[10] um fundo de inovação sueco, e recebeu financiamento. O custo total do projeto era de 290 mil coroas suecas, o que corresponde a aproximadamente 31 mil euros.

A fase de preparação

Antes de o projeto começar de fato, refletiu-se muito sobre a questão de como lidar com os direitos de propriedade intelectual dos objetos culturais representados digitalmente. A discussão foi iniciada por causa das modificações propostas para as *public sector information* (PSI), ou seja, as informações do setor público. A Diretiva PSI (PSI-Directive)[11] encoraja os membros dos Estados europeus a disponibilizar o máximo possível de informações para reúso. Ela trata dos materiais mantidos pelos órgãos do setor público nos Estados-membros, nos âmbitos nacional, regional e local, tais como ministérios, agências estatais, municípios, assim como todas as organizações financiadas majoritariamente pelo poder público ou por ele controladas (por exemplo, institutos de meteorologia). As alterações propostas assegurariam que as instituições relacionadas à memória cultural financiadas com recursos públicos também seriam abarcadas por essa diretiva, enquanto no passado elas eram excluídas. Isso significa que estava sendo pedido a elas que disponibilizassem abertamente para reúso os dados criados com financiamento público.[12]

A perspectiva dessa alteração foi o motivo pelo qual o departamento responsável pela coleção digital começou a discutir sobre como as ima-

---

[10] Disponível em inglês e sueco em: <www.vinnova.se/en/About-VINNOVA/>. Acesso em: 4 jan. 2015.
[11] Ver legislação europeia sobre o reúso de informações do setor público. Disponível apenas em inglês em: <http://ec.europa.eu/digital-agenda/en/european-legislation-reuse-public-sector-information>. Acesso em: 4 jan. 2015.
[12] PEKEL, J.; FALLON, J.; KAMENOV, L. *Topic report*: public sector information in cultural heritage institutions. [S.l., s.n.], 1º jun. 2014. Disponível em: <www.europeandataportal.eu/sites/default/files/library/201406_public_sector_information_in_cultural_heritage_institutions.pdf>. Acesso em: 11 jul. 2017.

gens poderiam ser disponibilizadas[13] abertamente e como isso poderia ser feito da melhor forma possível. Como os museus recebem financiamento público, eles argumentaram que os dados criados pelo museu (tanto os metadados quanto o conteúdo digital) deveriam ser disponibilizados de forma aberta para todos, sem restrições, sempre que possível, ou seja, *open by default*. Isso significa que a abertura é o padrão, a menos que isso não seja possível devido à proteção dos direitos autorais ainda em vigor sobre alguma obra, ou caso alguma pessoa viva seja retratada. Foi argumentado também que, ao agir desse modo, a principal missão dos museus seria mais bem atendida: "Nossa missão é preservar nossas coleções e contribuir para uma herança cultural viva e acessível que auxilie na compreensão tanto do presente quanto de nossas origens".[14]

Essa discussão levou-os a redigir a proposta para o projeto Open Image Archive. A palavra *open* (aberto, em inglês) foi adicionada deliberadamente ao título. O departamento já estava convencido de que fazer as coisas desse modo melhor contribuiria para os propósitos da missão declarada; eles precisavam apenas convencer os outros departamentos e a alta gerência.[15]

O diretor dos três museus estava convencido de que a missão de um museu era a de compartilhar sua coleção e seu conhecimento. Foi, portanto, relativamente fácil levar a ideia do Departamento Digital para os outros departamentos e, após algumas reuniões; todos concordaram que o caminho a ser seguido era o de ser o mais aberto possível. O argumento de que isso deveria ser feito por causa da Diretiva PSI, junto com uma forte crença de que todos deveriam poder acessar as coleções históricas, convenceu a organização a liberar sua coleção digital com licenças abertas, ou a torná-la de domínio público quando possível.

---

[13] Ver "A definição de aberto". Disponível apenas em inglês em: <http://opendefinition.org/>. Acesso em: 4 jan. 2015.

[14] Ver a declaração completa de missão do LSH. Disponível apenas em inglês e sueco em: <http://lsh.se/en/about-us/mission>. Acesso em: 4 jan. 2015.

[15] No caso do Rijksmuseum, um processo semelhante levou bastante tempo. Isso porque a instituição tinha diversos departamentos que precisavam aprovar o plano para disponibilização gratuita dos conteúdos de maior qualidade. O fato de o diretor das coleções ter apoiado e promovido o plano ajudou de forma significativa o Rijksmuseum a realizar isso no período de dois anos.

O museu sentia que estava fazendo "a coisa certa" ao disponibilizar para o público o acesso a toda coleção digital. Uma grande vantagem para o LSH foi o fato de não haver muitas pessoas trabalhando na instituição. Puderam, assim, avançar rapidamente com o material que tinham.

A venda de imagens

A decisão de abrir a coleção impactava, de fato, algumas áreas do museu. Principalmente aquela relacionada ao serviço de venda de imagens, uma vez que o museu deixaria de cobrar pelo acesso às imagens de qualidade mais alta. O serviço de venda de imagens existia desde que o LSH iniciara seus esforços de digitalização, em 2005. Na ocasião, o valor cobrado cobria, em grande parte, os custos de encontrar a imagem, gravá-la em um CD-ROM e enviá-la para a pessoa que a havia solicitado. Ao mover a coleção para uma base de dados que pudesse ser acessada online, esses custos seriam radicalmente reduzidos, mas o museu continuava cobrando pelo envio de imagens de alta resolução. Quando o Open Image Archive começou, eles decidiram parar a cobrança por inteiro. Uma declaração na página de internet anunciava:

> Até o lançamento do Open Image Archive, nós distribuíamos as imagens manualmente, através de um servidor FTP. Assim como a maioria dos museus, nós cobrávamos os usuários tanto pela reprodução quanto pelos direitos de uso. Em janeiro de 2012, o LSH decidiu que as imagens deveriam tornar-se públicas e disponibilizadas de forma gratuita tanto para uso não comercial quanto para uso comercial. Por terem sido produzidas dentro da organização, elas já foram custeadas por impostos e, portanto, pertencem ao público.[16]

Outro motivo pelo qual os museus decidiram não mais cobrar pelas imagens digitais foi o fato de que o servidor não havia obtido um lucro

---

[16] Disponível em: <http://skoklostersslott.se/en/explore/open-image-archive>. Acesso em: 6 jan. 2015.

significativo até aquele momento. O dinheiro obtido com a venda de imagens não cobria os custos da equipe responsável pelos pedidos. Os curadores cuidavam dos pedidos de imagens, já que não havia recursos para dedicar um funcionário exclusivamente à função. Os museus perceberam que seus curadores tinham coisas mais importantes a fazer e decidiram abandonar por completo a venda de imagens. Agora, a cobrança só ocorre caso seja solicitada a imagem de um objeto que ainda não foi digitalizado. A cobrança é marginal e cobre apenas os custos de digitalização da respectiva obra. Caso a pessoa possa esperar três meses para obter a imagem, ela não será cobrada. Em seguida, a obra é disponibilizada da forma mais aberta possível para quem quiser reutilizá-la.

Figura 2 | Floris, de Frans de Vriendt – Pomona (1564)

Domínio público. Do site do LSH.[17]

---

[17] Disponível em: <http://emuseumplus.lsh.se/eMuseumPlus?service=ExternalInterface&module=literature&objectId=86704&viewType=detailView>. Acesso em: 6 jan. 2015.

"Os museus perceberam que seus curadores tinham coisas mais importantes a fazer e decidiram abandonar por completo a venda de imagens."

A escolha da licença mais adequada

Quando a proposta do projeto foi aprovada, o LSH precisou tratar em mais detalhes as questões de direitos autorais. A intenção era clara: colocar o maior número possível de pessoas em contato com a coleção digital.

As obras de uma coleção podem, de modo geral, ser divididas em três categorias:

1) as obras ainda protegidas por direitos autorais dos quais a instituição não é o titular ou não é o titular exclusivo;
2) as obras ainda protegidas por direitos autorais dos quais a instituição é o único titular;
3) as obras não protegidas por direitos autorais (domínio público).

No LSH, a vasta maioria da coleção é antiga o suficiente para ser abarcada pela terceira categoria. Isso significa que o museu pode disponibilizar os objetos digitais sem ter de pedir permissão a ninguém. Para indicar que uma obra está em domínio público, o museu utiliza, em sua página de internet, a marca de domínio público da Creative Commons.[18] Assim, o usuário fica completamente ciente de que a representação digital da pintura, da xícara, da arma, do vestido ou de qualquer outro objeto pode ser utilizada por todos para qualquer fim, sem restrições.

---

[18] A licença completa pode ser encontrada em: <https://creativecommons.org/publicdomain/mark/1.0/>. Disponível em português em: <https://creativecommons.org/publicdomain/mark/1.0/deed.pt_BR>. Acesso em: 6 jan. 2015.

O licenciamento de obras bi e tridimensionais

A maior parte dos objetos físicos no museu não possui direitos autorais. Portanto, o LSH não teve de pedir permissão para publicá-los. A próxima questão que precisava ser respondida era: "O que acontece quando você fotografa o objeto?". Uma pessoa ou uma instituição que digitalize uma obra pode reivindicar direitos autorais sobre aquele objeto digital? E, caso possa, deveria fazê-lo?

Essa á uma questão com a qual nós, na Europeana, frequentemente temos de lidar, e é difícil encontrar uma resposta definitiva por diversos motivos. Em primeiro lugar, as regras, regulações e exceções relativas a direitos autorais e a digitalização são diferentes em cada país europeu. Isso foi claramente demonstrado no trabalho que pode ser encontrado em <outofcopyright.eu>, feito pelo *think tank* holandês Kennisland, pelo Institute for Information Law (IViR) e pela Bibliothèque nationale de Luxembourg (BnL), junto com a Europeana. No trabalho, é apresentado um mapa com todas as regras e exceções para todos os países europeus, e nenhum país possui um sistema semelhante a outro. Isso inviabiliza a criação de uma única política de domínio público para conteúdos digitais em um projeto transnacional como a Europeana.

O segundo motivo é que há diferentes formas de digitalizar uma obra. Em termos simples, isso se resume à questão da "originalidade". Quanto de sua própria criatividade, a pessoa que criou o objeto digital precisa colocar no processo para que possa pedir direitos autorais? Você pode colocar uma pilha de papéis em um escâner e ela será digitalizada automaticamente, com muito pouca participação humana. Pode-se argumentar, portanto, que isso não exigiu muita criatividade da pessoa que inseriu a pilha de papel no escâner. Um fotógrafo pode pegar um objeto, ajustar a iluminação e, então, fazer uma foto de um determinado ângulo, e é possível que ele tenha assim participado criativamente e possa requerer direitos autorais sobre o objeto digital, que passa a ser uma nova obra.

Thomas Margoni, pesquisador do Institute for Information Law, da Holanda, publicou recentemente sua pesquisa sobre a criação de direitos autorais no ato da digitalização. Sua principal questão era:

"A digitalização de itens físicos cria novos direitos autorais ou direitos relacionados (por exemplo, fotografias não originais)?".

O pesquisador distingue três tipos de digitalização:

1) reprodução/digitalização automatizada, feita na ausência (ou na presença quase insignificante) de intervenção humana (por exemplo: o Google digitalizar automaticamente todos os livros de uma coleção inteira);
2) reprodução operada por um profissional contratado especificamente para realizar uma produção de alta qualidade (por exemplo, um fotógrafo fazer diversas fotos com condições de iluminação diversas, para criar imagens de alta resolução e disponibilizá-las na página de internet da instituição);
3) reprodução automatizada realizada por um operador humano (por exemplo, um operador humano fazer fotos/fotocopiar manualmente para fins de inventário/classificação).

Margoni conclui que, no primeiro caso – reprodução automática/digitalização – nenhum direito autoral é criado, e que no segundo caso sempre ocorrerá a criação de novos direitos autorais. A terceira opção é a mais problemática, e as regras são diferentes para cada país europeu. Os resultados completos e um mapa da situação em cada país podem ser encontrados, apenas em inglês, em: <outofcopyright.eu>.

Como o LSH tratou da questão dos direitos autorais

Na coleção dos museus LSH, há tanto objetos bidimensionais quanto tridimensionais, e eles exigem uma abordagem diferente para definir a existência ou não de direitos autorais. Antes de tratar de tais questões, o LSH decidiu primeiro refletir sobre o que queria fazer com as coleções, e então pensar como os direitos autorais ajudavam ou atrapalhavam o alcance de seus objetivos. Como pretendia ser o mais aberto possível, decidiu que os materiais que já estivessem em domínio público permaneceriam em domínio público quando digitalizados.

Figura 3 | Imagem copiada da página do LSH,
mostrando um objeto tridimensional

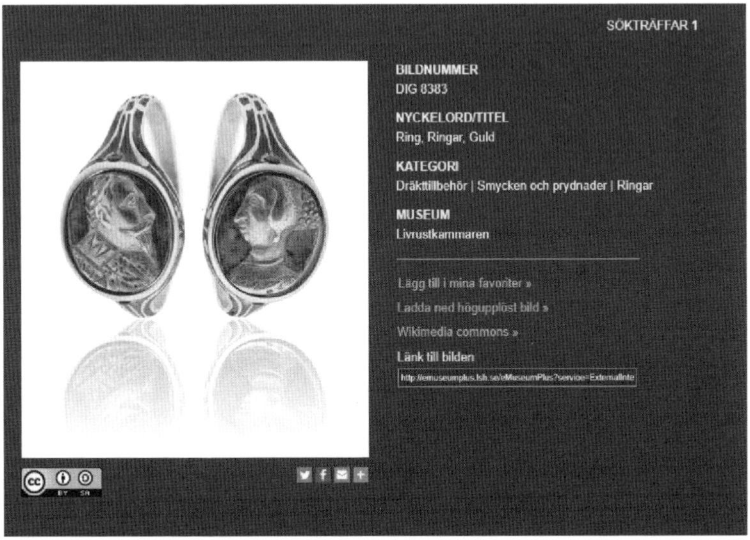

Junto dos metadados, há também a declaração dos direitos (CC BY-SA) e um link para a página do Wikimedia Commons.[19]

A pesquisa realizada por Margoni demonstra que a Lei de Direitos Autorais sueca protege obras geradas semiautomaticamente. Todos os objetos bidimensionais do LSH haviam sido digitalizados dessa forma. Teoricamente, isso significa que esses objetos seriam protegidos por direitos autorais. Em vez disso, eles seguiram a Europeana Public Domain Charter[20] (Carta de Domínio Público da Europeana) e asseguraram que as obras bidimensionais em domínio público, quando escaneadas, permaneceriam em domínio público. Desse modo, assegurariam ao usuário a maior clareza e a maior abertura possíveis.

Foi necessária uma discussão mais aprofundada para os objetos bidimensionais. Para eles, um fotógrafo pegaria o objeto, escolheria o melhor ângulo, ajustaria a luz, e tiraria uma foto. Isso claramente

---

[19] Disponível em: <http://emuseumplus.lsh.se/eMuseumPlus?service=ExternalInterface&module=literature&objectId=91554&viewType=detailView>. Acesso em: 8 jan. 2015.
[20] Disponível em: <http://pro.europeana.eu/publications/the-europeana-public-domain-charter>. Acesso em: 8 jan. 2015.

faria com que pertencesse à segunda categoria descrita por Margoni em sua pesquisa e, portanto, geraria novos direitos autorais. Para assegurar que o conteúdo digital ainda pudesse ser utilizado de forma aberta, a instituição decidiu publicar as imagens com uma licença Creative Commons Attribution (CC BY).[21] Isso significa que todos podem utilizar as imagens para qualquer fim, contanto que o titular dos direitos seja adequadamente mencionado.

Ao escolher, antes de mais nada, sua estratégia digital, o LSH não teve de refletir demasiadamente sobre quais licenças seriam utilizadas para as imagens disponibilizadas. Eles deixaram clara a intenção de tornar a coleção o mais aberta possível e, portanto, escolheram licenças que melhor se adequavam à missão, com o auxílio de um jurista especializado na área.

Resultados

Todos os objetivos do projeto Open Image Archive foram alcançados. No fim, eles tinham uma base de dados para as três coleções, uma nova interface com a opção de baixar as imagens; dados e metadados significativamente aprimorados estavam conectados a outras instituições suecas por meio do agregador sueco SOCH. Também foi feito o upload de 10 mil imagens de maior resolução (.TIFF) para o Wikimedia Commons[22] e a coleção pode também ser encontrada na Europeana.

Antes do Open Image Archive, a coleção do LSH não era muito vista fora da instituição, ou fora da Suécia. Isso mudou radicalmente quando decidiram disponibilizá-la com licenças abertas e tornar o material facilmente acessível. Graças à colaboração ativa da comunidade do Wikipédia, as imagens foram rapidamente utilizadas em uma grande variedade de artigos da Wikipédia. A maior parte delas está

---

[21] Mais detalhes em: <https://creativecommons.org/licenses/by/4.0/>. Disponível em português em: <https://creativecommons.org/licenses/?lang=pt_BR>. Acesso em: 7 jan. 2015.
[22] Para um exemplo, ver: <https://commons.wikimedia.org/wiki/File:Frukt_och_gr%C3%B6sakshandel._Pieter_Aertsen_-_Hallwylska_museet_-_86399.tif>. Acesso em: 7 jan. 2015.

sendo utilizada na Wikipédia sueca, uma vez que muitas das obras são de artistas suecos; mas elas estão também em diversas versões em outros idiomas, tais como inglês, russo, holandês, vietnamita e tailandês. O primeiro upload foi realizado em 2012 e, em julho de 2013, a ferramenta BaGLAMa 2[23] foi ativada. Essa ferramenta rastreia o número de visualizações por página na Wikipédia (e em outras páginas de internet da Wikimedia) que contenham arquivos da Wikimedia Commons de uma categoria específica. A ferramenta mostra que, até fevereiro de 2015, as imagens haviam sido visualizadas cerca de 5 milhões de vezes.

Figura 4 | Visualizações mensais do conteúdo do LSH na Wikipédia desde julho de 2013

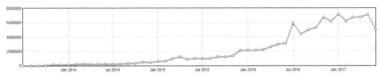

Em novembro de 2013 e em 2014, eles fizeram o upload de uma nova leva para a Wikimedia, o que explica o aumento observado.[24]

O que os deixou particularmente satisfeitos e orgulhosos foi a coleção estar sendo amplamente vista, pela primeira vez, fora da Suécia. Haviam considerado esse feito impossível para uma organização com um orçamento de marketing limitado. Eles perceberam que sua própria página de internet nunca atrairia esses números e, em vez de tentar aumentar o número de visitantes em sua própria página, decidiram lançar mão das plataformas que as pessoas já visitavam.

Toda aquela atenção teve ainda outra vantagem: as pessoas começaram a entrar em contato para informar sobre erros nos metadados

---

[23] O BaGLAMa mostra os números de visualizações de páginas da Wikipédia (ou de outras páginas de internet da Wikimedia) que contenham arquivos Commons de uma categoria específica. Disponível apenas em inglês em: <https://tools.wmflabs.org/glamtools/baglama2/index.html#gid=36&month=201502>. Acesso em: 7 jan. 2015.

[24] Disponível apenas em inglês em: <https://tools.wmflabs.org/glamtools/baglama2/index.html#gid=36&month=201502>. Acesso em: 7 jan. 2015.

e para sugerir melhorias. O LSH criou uma página na Wikipédia para comunicação de erros. As pessoas entram em contato, ainda, para indicar questões de direitos autorais ou algum arquivo corrompido.[25]

No geral, o museu está muito satisfeito com os resultados do projeto Open Image Archive. Eles não só conseguiram aprimorar radicalmente a qualidade de sua base de dados, como também conseguiram expor sua coleção para um público que julgavam inalcançável. Há um forte sentimento de orgulho no museu por terem "feito a coisa certa". Isso se tornou ainda mais marcante quando receberam o prêmio MUSE de 2014 pelo trabalho realizado. O prêmio reconhece feitos notáveis de galerias, bibliotecas, arquivos ou museus (*galleries, libraries, archives and museums* – GLAM) relacionados à mídia, e é concedido anualmente pela International Alliance Media & Technology Professional Network. São premiados instituições ou produtores independentes que utilizam mídias digitais para aprimorar a experiência em GLAMs e para atrair o público.

Lições aprendidas

- Trace uma estratégia digital antes de começar, de fato, a pensar sobre direitos autorais. Descreva suas intenções e seus objetivos e o que pretende com o material digital. Isso permite que conheça as alternativas para direitos autorais, em vez de restringir suas opções.
- Reveja a qualidade dos seus metadados. Com os milhões de objetos que podem ser encontrados online, um objeto específico é facilmente perdido. Assegure-se de que está disponibilizando descrições precisas e significativas e utilize ferramentas de busca quando viável.

---

[25] Disponível em: <https://commons.wikimedia.org/wiki/Commons:LSH/Error_reports>. Acesso em: 7 jan. 2015.

- Você pode começar pequeno. Não precisa digitalizar a coleção inteira com metadados perfeitos. Pegue a parte de boa qualidade disponível e veja o que pode fazer com aquilo.
- Busque parcerias. Há muitos projetos e organizações por aí que ficariam bastante satisfeitos em ajudar a compartilhar sua coleção mais amplamente do que você conseguiria fazer sozinho.

Sobre o autor

Joris Pekel é o coordenador comunitário para patrimônio cultural da Fundação Europeana. Na Europeana, ele trabalha lado a lado com instituições de memória, para que os dados sobre o patrimônio cultural que abrigam estejam disponíveis para todos que desejem desfrutá-los e reutilizá-los. Ele é também o coordenador do OpenGLAM Network,[26] que promove o acesso livre e aberto ao patrimônio cultural de galerias, bibliotecas, arquivos e museus (*galleries, libraries, archives and museums* – GLAMs), reunindo organizações, instituições e indivíduos com esse mesmo objetivo.[27]

---

[26] Disponível apenas em inglês em: <http://openglam.org>. Acesso em: 7 jan. 2015.
[27] Todos os seus textos e publicações podem ser encontrados, apenas em inglês, em: <http://jorispekel.nl>. Acesso em: 7 jan. 2015.

Anexo: entrevista com Karin Nilsson (12/11/2014)

Olá, Karin, bem-vinda. Poderia, para começar, contar um pouco sobre a instituição?
Somos três museus, mas somos uma autoridade desde 1978. Em 2008, começamos a trabalhar juntos. O Royal Armoury é um museu comum. O Castelo é um museu dentro de um castelo, então é, ao mesmo tempo, a construção e a coleção. A casa Hallwyl é assim também. São coisas refinadas, de alta classe, originais, objetos da realeza, vindos de famílias ricas.

Quando você começou a digitalização?
Em 2008, começamos a trabalhar juntos e percebemos que precisávamos de uma estrutura para informação. Tínhamos seis bases de dados diferentes e nós as transformamos em apenas uma. Temos 50 pessoas trabalhando juntas aqui. O Rijksmuseum tem uma equipe de aproximadamente mil pessoas, o que é uma diferença enorme. Não conseguimos gerenciar tantas bases de dados e tantos conjuntos de dados diferentes.

A partir de então, começamos a estruturar nossas informações e a combinar informações sobre objetos, eventos históricos, sobre a pessoa que usou o objeto e coisas do gênero. Por muito tempo, tínhamos por volta de 100 mil objetos físicos e estávamos tirando fotos deles, mas não tantas fotos assim. Talvez uma grande foto por dia, no máximo. Em 2012, reorganizamos tudo e então criamos o Departamento de Recursos Digitais, do qual sou diretora. Depois, começamos a trabalhar muito com essa área e com o Arquivo de Imagens Abertas (Open Image Archive). Isso foi uma coisa importante que fizemos.

Havia desde o início a ideia de fazer isso de forma aberta?
Sim, desde quando fizemos a reorganização. Antes disso, os curadores cuidavam do arquivo de imagens. As pessoas nos pagavam para utilizar as imagens. Mas, durante a reorganização, percebemos que precisávamos das pessoas que estavam fazendo isso para outras coisas. Não

tínhamos praticamente ninguém para fazer esse trabalho. Pensamos, portanto, que seria muito mais fácil se as pessoas pudessem utilizar as imagens sem nos pedir antes. Então, seis meses depois do início dessa organização, nos candidatamos para receber recursos do fundo de inovação Vinnova. Passamos a ser financiados por eles e começamos tudo isso. A ideia era aumentar o máximo possível o acesso às imagens, para que as pessoas pudessem utilizá-las quantas vezes quisessem.

Você estava tendo algum lucro com a venda das imagens, quando isso ainda era feito?
Não, nunca. Há alguns anos, ganhamos 100 mil coroas suecas (aproximadamente R$ 43 mil), no ano seguinte, 70 mil, no seguinte, 25 mil. Somado aos custos de mão de obra, isso não gerava lucro nenhum. Mas víamos o serviço como algo que permitia que as pessoas utilizassem e acessassem as imagens. E não tínhamos os recursos técnicos para disponibilizar as imagens às pessoas sem ter de enviá-las. Em 2007, enviávamos em CD-ROMs, porque não tínhamos como compartilhá-las de outro modo.

O dinheiro também foi utilizado para digitalização?
Não. Utilizamos a coleção digitalizada que já tínhamos. Continuamos o processo de digitalização, aos poucos. Temos 1,5 ETC[28] para fotógrafos, que fazem outras coisas além de digitalizar. Eles também trabalham em exposição, com livros e tudo mais. Ou seja, não temos muito tempo. Mas disponibilizamos por volta de 6 mil novas imagens de objetos ano passado.

Utilizamos o financiamento para criar *Linked Open Data* (dados abertos ligados entre si) e enviar esses dados para o SOCH. Utilizamos para melhorar a qualidade dos metadados e para armazenar os dados em uma base de dados melhor.

---

[28] ETC, ou "equivalente a tempo completo", corresponde à quantidade máxima anual de horas de trabalho permitida por lei para um funcionário. (N.T.)

Depois, aprimoramos o site para que fosse possível fazer buscas não só na coleção, mas também no arquivo de imagens, e para que oferecesse às pessoas a opção de baixar as imagens. E, então, disponibilizamos 20 mil imagens, com todas as informações, e com os links, no Wikimedia Commons.

Qual o tamanho da sua coleção?
Considerando livros, pinturas e tudo o mais, temos 91 mil objetos. Um objeto na base de dados pode ser uma mesa, com suas sete cadeiras. O objetivo deste ano é digitalizarmos 40 mil objetos. Minha previsão é que conseguiremos digitalizar tudo até 2015. A coleção não recebe novos materiais.

Quantas coisas estão em exposição?
Quase tudo. Algo como 99%. Temos em torno de 19 mil livros na biblioteca e ainda estamos pensando em como podemos digitalizar essa coleção da melhor forma possível. Só o Skokloster Castle tem 35 mil objetos, e quando começamos o Departamento Digital, apenas 900 deles tinham uma imagem digital. Por isso pensamos que deveríamos começar por lá. Então, às vezes vamos lá, com toda a equipe, e tentamos fazer tudo de uma categoria específica. Ou seja, todas as armas, todas as canecas, coisas assim. E ajudamos, levamos o material de um lado para o outro e também incluímos os metadados lá mesmo.

Parece que a melhoria dos metadados foi um dos aspectos mais importantes do projeto, o que eu considero muito bom.
Tentamos ser o mais abrangentes possível desde o início. Assim, durante o processo de digitalização, tentamos incluir o máximo possível sobre o autor, a origem etc. Fizemos isso para que não fosse necessário acrescentar nada depois, o que é sempre bem complicado, e sem perder o fio da meada.

Quando o Open Image Archive foi proposto, todos da sua instituição concordaram desde o início que era uma boa ideia?
[Risos.] Acho que fiz a sugestão em um grupo de diretores dos departamentos dos museus. Por um mês, mais ou menos, eu perguntava: "Você está sabendo dessa nova diretiva sobre as informações dos serviços públicos?" (Public Service Information Directive). Significa que temos de disponibilizar nossas imagens de graça, para reutilização. E eles diziam: "Muito bem, então temos que resolver isso de algum modo". E eu respondia: "Sim, e eu tenho uma solução". E, assim, chegamos a um consenso bastante rápido. Então, sim, eu acho que uma coisa que ajudou bastante foi sermos uma organização muito pequena. É muito fácil para mim me comunicar com o diretor dos museus. É claro que é difícil, as pessoas acham difícil utilizar as licenças, ainda estavam tendo dificuldade de utilizá-las. Levou um tempo, por exemplo, para o Departamento de Marketing se sentir à vontade e utilizar a licença adequadamente. Mas, fora isso, eu acho que todos estão bem orgulhosos do nosso trabalho.

Vocês publicaram a coleção aos poucos, ou tudo de uma só vez?
Nós publicamos 40 mil imagens de uma só vez, em março de 2013. Foi quando tínhamos desenvolvido a ferramenta, o servidor FTP, que permitia que as pessoas baixassem as imagens do servidor. Mas a parte difícil era o licenciamento que precisávamos fazer antes que pudéssemos pôr no ar.

Como conseguiram fazer isso, sendo uma instituição tão pequena? Vocês são uma instituição bem pequena e provavelmente nem todos têm experiência com direito. Vocês tiveram ajuda de alguém de fora ou algum treinamento?
Nós facilitamos nossas vidas. Tudo o que era de domínio público deveria continuar em domínio público. Todos os livros, obras de arte e todos ou outros objetos bidimensionais deveriam ser classificados como de domínio público, já que nossa coleção era antiga o suficiente.

Todas as imagens feitas pelos nossos fotógrafos de objetos tridimensionais seriam disponibilizadas com uma licença Creative Commons. Eu conversei muito sobre isso com nossos colegas aqui na Suécia e eles perguntaram: "Como vocês podem fazer isso, não está de acordo com as leis da Suécia etc.". Talvez pareça muita estupidez, mas eu realmente não consigo imaginar o que poderia acontecer. Eu não consigo imaginar nada de ruim acontecendo com a gente. Seria diferente, é claro, se ainda tivéssemos obras de arte com direitos autorais, mas não temos. Nossa coleção é muito antiga. Praticamente tudo é do século XVII, ou seja, está em domínio público. Depois de conversarmos um pouco sobre isso, eles entenderam e concordaram conosco. Quando você trabalha em um museu, você trabalha para o público, e as pessoas devem ter o direito de usar as imagens.

Vocês tiveram alguma experiência negativa depois da liberação?
Nenhuma. Estranho, não? As únicas pessoas que questionaram isso foram, na verdade, colegas de outros museus.

Então vocês não viram ninguém abrindo lojas próprias, por exemplo?
Não. Ninguém.

E quais foram os resultados positivos?
Tivemos experiências positivas tanto dentro quanto fora da organização. Dentro, os colegas do nosso museu estão muito otimistas e acham excelente. Eles veem, é claro, que nos dedicamos muito à coleção, e que isso sempre é bom para um museu. Eu não ouvi ninguém dizer que isso era uma péssima ideia (ou talvez ninguém tenha dito isso para mim...). Fora da organização, tivemos muitas respostas, principalmente de pesquisadores e estudantes dizendo que isso era ótimo, perguntando por que todo mundo não fazia o mesmo.

E agora, quase dois anos depois, ainda existe esse clima de otimismo na organização?
Existe, muito. Eu acho que foi na primavera do ano passado que recebemos uma medalha de ouro, um prêmio pela abertura, concedido pela American Alliance for Museums. Depois disso, eu enviei um e-mail para todos os meus colegas dizendo: "Nós ganhamos!". E, às 7 da manhã, quase todos responderam dizendo: "Nossa, que ótimo! Estamos muito orgulhosos!".

O Rijksmuseum tem utilizado a coleção digital deles para tornar mais conhecida a coleção física e tentar fazer com que mais pessoas visitem o museu. Vocês provavelmente têm um orçamento pequeno para marketing. Você acha que essa abertura teve resultados parecidos para vocês, que são um museu relativamente pequeno?
Para ser sincera, eu não sei se o acesso ao site aumentou. Vou verificar isso. Agora, o Rijksmuseum tem aproximadamente 10 milhões de visitantes por ano, e nós, com sorte, temos 500 mil, nos três museus juntos. [Nós verificamos, e o acesso ao site havia aumentado: 255.271 acessos em 2012; 262.709 em 2013; 302.865 em 2014.]

O Wikimedia Commons também permite que se acompanhe, em certa medida, o que acontece com sua coleção. Vocês acompanham isso?
Acompanhamos, isso eu sei. Quando começamos, nós só colocamos todas as nossas imagens no Wikimedia Commons e não fizemos muita coisa com elas, como criar links entre as imagens e artigos, coisas do gênero. Nós dissemos: "É isso. Agora vamos fazer outra coisa". Mas os voluntários utilizaram nossa coleção e agora nós podemos ver um grande aumento no número de visitantes que utilizam as ferramentas oferecidas pela Wikimedia. E isso é ótimo. Agora, nós temos por volta de 5 milhões de visitantes que viram nossas imagens (número atualizado em fevereiro de 2015) em artigos ou no Commons. Para nós, que somos uma organização bastante pequena, mais de 5 milhões de pessoas terem visto nossas imagens... é incrível! Essa é a parte que

tem realmente sido a mais importante para nós. Pela primeira vez, podemos atingir um público fora da Suécia. Antes disso, apenas algumas obras-primas eram conhecidas fora da Suécia, mas agora muitas outras são, e isso é ótimo.

Quanto o projeto todo custou para vocês, de fato?
Custou 290 mil coroas suecas, ou seja, aproximadamente 31 mil euros, o que não é muito dinheiro. Isso inclui tudo no projeto, ou seja, a construção do servidor FTP, a ferramenta de pesquisa, e a ferramenta que permitiu que nossa coleção pudesse ser acessada pelo SOCH.

Vocês dão acesso às imagens em resolução máxima? Ou tem uma versão com qualidade ainda mais alta em seus próprios servidores?
Nós disponibilizamos as imagens em resolução máxima no Wikimedia Commons e damos acesso a uma imagem menor em nosso próprio servidor. Achamos que assim seria mais fácil, já que a maioria das pessoas acaba não acessando o nosso site, e temos que aceitar isso. Mas muitas pessoas vão acessar a Wikipédia, e a Wikimedia nos disse que não teria problema eles terem uma resolução muita alta. Por isso, achamos que seria melhor que elas ficassem lá. Elas também são automaticamente disponibilizadas em resoluções diferentes e, no final das contas, isso nos economiza muitos bits do nosso servidor. Nós disponibilizamos o link para o arquivo em JPEG em nosso próprio site, e temos também um link para as pessoas que querem uma resolução altíssima. Esse link leva para a imagem no Wikimedia Commons.

Outro motivo para fazer isso é por esperarmos que outras instituições venham a acrescentar informações ao nosso conjunto de dados. Temos, por exemplo, no Royal Armoury, o cavalo de um dos reis suecos, da batalha de Lützen. Na base de dados, temos o rei, temos o cavalo e temos o evento histórico. É claro que seria ótimo se outras instituições acrescentassem suas informações sobre o evento e as relacionassem umas com as outras. O SOCH desenvolveu uma interface chamada Kringla, que viabiliza isso. Com isso, é possível relacionar as informações e utilizar os URIs dos objetos para estabelecer essas conexões. Nós também acrescentamos links para os artigos da Wikipédia, dizendo que aquilo IsDescribedBy (é descrito por), e então criamos um link para o artigo Wiki. Então está tudo lá, e as pessoas podem utilizar. Nós também convidamos outros usuários para nos ajudar com isso. Há uma quantidade incrível de conhecimento por aí, que as instituições não têm, e seria ótimo se todos pudéssemos nos beneficiar com isso.

O projeto está finalizado?
Nós continuamos a acrescentar imagens ao Wikimedia Commons. Este ano, serão em torno de 6 mil imagens, e estamos planejando acrescentar uma nova leva a cada ano.

E como vocês fazem o upload?
Nós trabalhamos em estreita colaboração com uma pessoa da divisão sueca da Wikimedia. Ela tem ajudado muito.

Muito obrigado pela conversa, Karin.
Obrigada!

Este livro foi impresso nas oficinas gráficas da Editora Vozes Ltda.,
Rua Frei Luís, 100 – Petrópolis, RJ.